Aktien

Das Buch für Einsteiger

©Thorsten Groneberg

Verzeichnis

Vorwort

D er Kauf von Aktien verspricht hohe Gewinne. In den vergangenen 30 Jahren erreichten Aktionäre des DAX im Durchschnitt eine Gewinnmarge von 7,2 Prozent pro Jahr. Sofern auch Sie an der Börse hohe Profite erzielen möchten, ist es unabdingbar, wesentliche Vorgaben zum Kauf von Aktien zu kennen. Der Erwerb von Wertpapieren zum Vermögensaufbau ist alternativlos. Aktien offerieren in Zeiten von Niedrigzinsen das, womit Sparkonten bereits seit geraumer Zeit nicht mehr dienen können - Gewinnmargen. Mit Wertpapieren lässt sich eine finanzielle Absicherung chancenreicher gestalten, wodurch ein passives Einkommen mit stetigem Wachstum ermöglicht wird.

Welche Begebenheiten sollte ein Unerfahrener beim Handel mit Aktien berücksichtigen? Wie wichtig ist der Börsenkurs für den Ein- und Ausstieg? Existieren Anlagestrategien, die laut Historie als weitestgehend sicher gelten? Diesen und weiteren essenziellen Fragen wird in dem Ratgeber "Aktien - Das Buch für Einsteiger" auf den Grund gegangen. Realistische Beispiele samt Musterdepot stellen hierbei einen besonderen Mehrwert dar.

Geschichtlich gesehen ist das Kaufen von Aktien äußerst lukrativ. Anleger, die über einen Zeitraum von

1989 bis 2018 in den DAX investierten, konnten ohne fremde Hilfe in 14 Jahren eine Marge von mehr als 20 Prozent pro Jahr einnehmen. Gleichwohl büßte der DAX selbst in drei Jahren mehr als 20 Prozent ein. Im Durchschnitt lag die Jahresrendite trotz mitunter heftigen Schwankungen bei soliden 7,2 Prozent pro Jahr. Für den Erfolg mit Aktien ist eine systematische Investitionsstrategie unabdingbar! Allgemeine Börsenweisheiten mit Sätzen wie „Gewinne laufen lassen, Defizite begrenzen" sind zwar ganz nett und haben durchaus Ihre Daseinsberechtigung. Ohne fundiertes Wissen bezüglich der einzelnen Vorgänge, sowie einer ausgiebigen Analyse gleicht es jedoch eher einem Glücksspiel, als einer soliden Strategie. Finanzen sollten jedoch niemals dem Zufall überlassen werden! Investieren Sie lediglich Geld an der Börse, auf das Sie mittel oder kurzfristig verzichten können. Nur auf diese Weise lassen sich Rückgänge des Kurses, jene an der Aktienbörse unabwendbar sind, ohne Sorge aussitzen. Wer demgegenüber Kapital verwendet, welches bereits wenige Monate später benötigt wird, kann unmittelbar zum Verkauf seiner Aktien gezwungen werden – im schwerwiegendsten Sachverhalt zu unattraktiven Kursen.

Aktien - Vorteile für Unternehmen und Anleger

U nsere heutige Zeit ohne Züge, Flugzeuge, Notebooks und anderen bahnbrechenden Erfindungen ist unvorstellbar. Genau dies wäre jedoch vermutlich Realität, sofern es keine Aktien gäbe. Schließlich verschlingen sämtliche bedeutenden Errungenschaften der Wirtschaft ein überwältigendes Volumen an Kapital, jenes eine einzelne Person nur mühselig stemmen könnte.

Demnach kam im 17. Jahrhundert die Idee auf, einem weit gefächerten Publikum die monetäre Beteiligung am Unternehmen zu gewähren. Die allererste Gesellschaft von Aktionären war die "Vereinigte Ostindische Compagnie". Eine Außenstelle in Amsterdam fungierte als Anlaufstelle für Umschreibungen, wodurch die Niederlande inoffiziell den ersten Börsenplatz der Welt hervorbrachten. Riesige Konzerne nutzten die Gelegenheit, mithilfe der Aktienmärkte Kapital beziehungsweise deren Wert anzuhäufen. Hierfür werden im Zuge eines Börsengangs Aktien ausgegeben, wodurch Interessenten sich am Produktivvermögen eines Konzerns partizipieren können. Beispiele wären Immobilien, Anlagen oder gar einzelne Patente. Aktien sind in der Regel in Indizes integriert. Der **Index** ist eine Kennziffer, mit der Größenänderungen bestimmter Kennwerte anhand eines zeitlichen Verlaufs dargestellt werden können. Beispielsweise repräsentiert der **DAX** die 30 bedeutendsten deutschen Wertpapiere. Im **MDax** (Mid-Cap-Index) sind die 50 nachstehenden Größen abgebildet. Der **TecDax** repräsentiert die 30 größten Technologiekonzerne.

Um Aktionäre über das Wachstum des Konzerns in Kenntnis zu setzen beziehungsweise angedachte Unternehmungen mitzuteilen, lädt der Vorstand jedes Jahr mindestens einmal zum Konvent ein. Im Falle, dass Firmen im Verlauf des Geschäftsjahres Gewinne erwirtschaften konnten, werden Aktieninhaber hiervon mittels einer **Dividende**, einer Aufteilung des Gewinnes, profitieren. Je nach Aktiengattung könnte diese vorteilhaft oder weniger erfreulich ausfallen. **Vorzugsaktien** legitimieren beispielsweise zu einer höheren Beteiligung des Erfolges im Vergleich zu **Stammaktien**. Diese sind demgegenüber mit einem Wahlrecht versehen. Hierdurch soll die Möglichkeit geschaffen werden, auf die bevorstehende Orientierung des Unternehmens einzuwirken. Zusätzlich wird zwischen **Namensaktien** und **Inhaberaktien** unterschieden. Im Kontrast zu Inhaberaktien setzen Namensaktien eine namentliche Dokumentierung des Aktionärs voraus. Bezüglich der Relation von Wertpapier zum Vermögen der Gesellschaft sind **Stückaktien** und **Nennwertaktien** zu unterscheiden. Nennwertaktien vertreten eine festgesetzte Summe als Anteil, sodass die Gesamtheit aller Nennwerte dem Vermögen der Aktiengesellschaft entspricht. Bei Stückaktien reflektiert die Relation der Gesamtzahl an Wertpapieren zu Aktienbesitz den tatsächlichen Anteil am Vermögen des Unternehmens.

Essenzielle Schritte vor dem Erwerb

Es ist generell ratsam, vor dem Erwerb von Aktien Informationen bezüglich des allgemeinen Geschehens an der Börse einzuholen. Den ersten Schritt hierzu haben Sie bereits mit dem Erwerb dieses Buches in die Wege geleitet. Auf diese Weise erlernen Sie unabdingbare Grundlagen und relevante Definitionen kennen. Kenntnis ist die Voraussetzung, um langfristig an der Aktienbörse Rendite erzielen zu können.

Performance des Unternehmens

Eine der leichtesten Varianten zum Auffinden interessanter Aktien ist der Blick auf das individuelle Kaufverhalten. Von welchen Firmen haben Sie persönlich Artikel erworben und würden dies stets wiederholen? Herrscht eine hohe Nachfrage? Sind die Konsumgüter weitestgehend konkurrenzlos? Wie steht es um den Ruf? Beispiele für derartige Konsumgüterproduzenten wären Siemens, Nestlé, sowie die Automobilbranche. Von Erfolg gekürte Innovationen sind prinzipiell ein gutes Indiz.

Aktienkurse werden allerdings bei Weitem nicht lediglich durch die Performance der Firma geprägt.

Globale Ereignisse können ebenfalls eine immense Auswirkung haben. Daher ist dringlichst empfohlen, kontinuierlich neue Meldungen in Erfahrung zu bringen. Geschehnisse, wie beispielsweise Wahlen oder Skandale, können sich kurz- oder langfristig auf den Aktienkurs auswirken.

Performance der Aktie

Sollte Ihrerseits ein Interesse an einem spezifischen Unternehmen bestehen, ist es ratsam, vorweg die Entwicklung des Aktienkurses vergangener Jahre anzuschauen. Ein Zeitraum von vier Jahren wäre empfehlenswert, da auf diese Weise kurzzeitige Trends ausgeschlossen werden können. Weiterhin sollte das Augenmerk auf die Geschäftsberichte, sowie neueste Meldungen bezüglich der Organisation gesetzt werden. Legen Sie den Fokus auf die potenzielle Entwicklung. Welches sind die Hauptabsatzmärkte? Welche äußerlichen Faktoren könnten den Absatz und folglich die Gewinnmarge zeitnah verändern?

> **"Eine erfolgreiche Vergangenheit ist keine Garantie für eine erfolgreiche Zukunft."**

Beispiel

Halten Sie sich die Tabakindustrie vor Augen. Es ist offensichtlich, dass Produzenten des Tabaks zeitnah neue Vorgehensweisen und Geschäftszweige eröffnen sollten, um am Markt weiterhin bestehen zu können.

Marktkapitalisierung

Analysen von Fachleuten sind ein erstes Indiz, in welcher Position das Handelspapier eingestuft werden kann. Die Kapitalisierung des Marktes ist ein Hinweis, ob das Wertpapier im Vorfeld relativ hochpreisig angeboten wird beziehungsweise zu einem angemessenen Preis. Die Marktkapitalisierung erteilt Auskunft über das Produkt, dem derzeitigen Börsenkurs und der Quantität an Wertpapieren des Konzerns, welche sich im freien Umlauf befinden.

"Marktkapitalisierung = Quantität der Wertpapiere im Umlauf × Kurs der Börse je Handelspapier"

Die Marktkapitalisierung "**Market cap**" wird aus diesem Grund augenblicklich von Angebot und Nachfrage bezüglich der Wertpapiere des Unternehmens festgelegt. Folglich unterliegt diese entsprechenden Fluktuationen. Es handelt sich um ein Indiz für die Ansprüche des Marktes gegenüber der zukünftigen

Gewinnerzielung des Betriebes. Die Anteile großer Aktionäre werden derweil außer Acht gelassen. Demzufolge wird die Einwirkung von deren Möglichkeiten zur Kontrolle keinesfalls abgebildet.

Betriebswirtschaftliche Kennzahlen

Sie sollten sich mit möglichst vielen unternehmerischen Kennzahlen des Konzerns vertraut machen, dessen Wertpapiere potenziell infrage kämen. Jeder Betrieb ist verpflichtet, Daten bezüglich Geldströme, Höhe der Schulden und Rentabilität offenzulegen. Allerdings sind hervorragende Kennzahlen des Unternehmens gewiss keine Garantie für eine positive Entwicklung des Kurses.

Das Kurs-Gewinn-Verhältnis "**KGV**" einer Aktie gibt den geschätzten Jahresgewinn je Wertpapier "**Nenner**" im Verhältnis zum aktuellen Kurs der Aktie "**Zähler**" an. Es wird gern zur Abschätzung herangezogen, ob ein Handelspapier zu günstigen Konditionen angeboten wird beziehungsweise nicht. Das KGV ist allerdings nur sehr bedingt aussagefähig und folglich mit Vorsicht zu interpretieren. Ein geringes KGV impliziert möglicherweise eine günstige Aktie. Hierbei handelt es sich jedoch oftmals um einen Trugschluss. Bei zyklischen Wertpapieren, wie etwa Automobilaktien, kann das KGV in Rekordzeiten sinken. Dies geschieht angesichts der Tatsache, dass die Gewinne der Historie fortgeschrieben werden (im Volksmund als "mit ins nächste Jahr nehmen" bekannt). Anleger, die sich auf derartige Kennziffern verlassen, können böse Überraschungen erfahren. Das "günstig einsteigen" offenbart sich oftmals als merkliches Verlustgeschäft, sobald der saisonale Aufschwung abnimmt und die Kurse fallen.

Anlagestrategien

Im Allgemeinen sollten Aktien der Kapitalanlage beziehungsweise dem Aufbau von Vermögen dienen. Die Planung steuert im Idealfall eine Laufzeit von mindestens vier bis zehn Jahren an. Daher ist es von Bedeutung, dass angelegte Gelder während dieser Zeitspanne keinesfalls an anderer Stelle vonnöten sein werden. Sollten Wertpapieranlagen für die Vorsorge im Alter in Betracht gezogen werden, empfiehlt sich ein längerer Zeitraum, beispielsweise über 35 Jahre - in Abhängigkeit des aktuellen Alters, wohlgemerkt.

Während des Anlagezeitraums können Sie selbstverständlich ohne weiteres Rendite erwirtschaften und Umschichtungen des Kapitals vornehmen.

Spekulationen

Es lässt sich keineswegs abstreiten, dass Aktieninvestments des Öfteren für Spekulationen in Anspruch genommen werden. Die potenziell zu erzielenden Gewinne erscheinen besonders für Unerfahrene attraktiv. Gleichwohl werden die deutlich höheren Verluste, welche an der Aktienbörse erreicht wurden, von Anlegern des Öfteren verheimlicht.

Aufgrund der vielen unvorhersehbaren Einflüsse ist **Anfängern dringlichst davon abzuraten**, mit Wertpapieren zu spekulieren.

Fluktuationen der Börse

Wie die Dynamik des DAX anhand der vergangenen 30 Jahre verdeutlicht hat, können mit Aktien durchaus längerfristig Einnahmen erreicht werden. Zum Teil in solch einem Ausmaß, wie kaum eine andere Kapitalanlage zu realisieren vermag. Setzt man das Augenmerk auf die ausgeprägten Schwankungen, welche sich in diesem Zeitabschnitt ergeben haben, so ist es zwingend notwendig, zwischenzeitlich erwirtschaftete Margen zu reinvestieren.

Dividendenstrategie

Seit Beginn des Aktieninvestments haben sich verschiedene Taktiken etabliert, welche zu einem Wachstum des Vermögens ohne exorbitanten Risiko führen können. Eine interessante Strategie ist unter anderem die Dividendenstrategie. Diese ist allgemein als eher konservative Vorgehensweise bekannt, mit der im selben Zuge durchaus attraktive Gewinne realisiert werden können. In dieser Konstellation geschieht das Investment in Organisationen, welche eine hohe – in der Regel jährliche – Dividende an ihre Aktienteilhaber auszahlen.

Inzwischen existieren Indizes, wie etwa der **DivDax**, welche die erfolgreichsten Aktien auflisten. Darunter befinden sich überwiegend etablierte Firmen wie Versorger und Produzenten von Konsumgüter.

DIVIDEND LOW 5

Bei dieser Vorgehensweise sucht der Investor aus einem Börsenindex die zehn Dividendenaktien heraus, welche die höchstmöglichen Gewinnanteile ausschütten. Von besagten werden wiederum die fünf mit den niedrigsten Börsenkursen ausgewählt. Anhand der Auszahlungen der Teilgewinne empfängt der Investor jährlich eine Rendite und könnte darüber hinaus von wachsenden Kursen einen Nutzen ziehen. Wertpapiere mit den niedrigsten Preisen erscheinen lukrativ und führen aufgrund hoher Nachfrage oftmals zu Wertsteigerungen. In der Vergangenheit zeigte jene Strategie sowohl in den Vereinigten Staaten, als auch in der Bundesrepublik durchaus beachtliche Ergebnisse auf. Die vorhandenen Resultate sind jedoch bei weitem keine Garantie für die weitere Entwicklung. Sie sollten lediglich als Indiz dienen, welche Aktien potenziell interessant sein könnten. Vor dem Erwerb ist eine weitgehende Analyse unabdingbar!

Relative Stärke

Eine bislang häufig von Erfolg gekürte Aktienstrategie ist die "Relative Stärke". Sie basiert auf der Annahme, dass Wertpapiere mit einem positiven Trend künftig einen beachtlichen Aufschwung erfahren werden. Die Relative Stärke zeigt auf, in welchem Umfang der Preis eines Handelspapiers in Relation zum Vergleichsindex voranschreitet. Je höher die Kennziffer, desto schneller ist das Handelspapier in Relation zu dessen Aktienindex gewachsen.

Die jeweiligen Basisdaten werden mit anderen Handelspapieren für einen bestimmten Zeitraum in Relation gesetzt, woraus Schlussfolgerungen für deren Preisentwicklung und dem des gesamten Marktes gezogen werden. Für die Auswahl der Handelspapiere sollten zusätzliche Kennzahlen unbedingt miteinbezogen werden. Ansonsten handelt es sich mehr um eine Spekulation, als eine Strategie. Auch wenn ich mich an dieser Stelle wiederhole, darf die Wichtigkeit keineswegs unterschätzt werden.

> **"Das Kursverhältnis in Relation zu Umsatzvolumen, Gewinnmargen, Zahlungsströmen und dem Buchwert sollten generell vor jedwedem Kauf herangezogen werden! "**

VALUE-STRATEGIE

Hier werden zielgerichtet unterbewertete Handelspapiere herausgesucht, welche auf längere Sicht ein hohes Kurspotenzial in Aussicht stellen. Es handelt sich um werthaltige Handelspapiere, deren Potenzial von der Wertpapierbörse bislang noch nicht erkannt wurden. Die systematische Analyse geschieht anhand fundamentaler Kennzahlen eines Unternehmens. Für diese Anlagestrategie bedarf es neben genauester Recherche auch an Erfahrung, da sich für Anfänger eine vermeintlich lukrative Nische im Nachhinein oftmals als unvorteilhaft herausstellt. Daher ist diese Form der Anlage **für Anfänger eher ungeeignet**.

Trendfolge

Mit der Strategie der Trendfolge richtet sich der Investor nach der größten Nachfrage anderer Aktionäre. Aufgrund der Tatsache, dass ein Trend meist über einen längeren Zeitabschnitt anhält, werden Handelspapiere idealerweise zu Anbeginn dieses Aufschwungs erworben und zum Ende hin veräußert. Mittels der Auftragserteilung einer Stop-Loss-Order ist es möglich, dass Verlustgeschäfte beim Eintreten eines raschen Umschwungs (sinkende Kurse) eigenständig limitiert werden. Auf die genaue Definition der einzelnen Orderarten wird im nachstehenden Kapitel detailliert eingegangen.

Den Basiswerten eines Konzerns wird in diesem Zusammenhang eine niedrigere Rolle zugeschrieben. Meist wird mithilfe mathematischer Untersuchungen der ideale Augenblick zum Erwerben und Verkaufen eines Wertpapiers bestimmt. Das Wagnis des Aktionärs ist etwas erhöht, da überwiegend Wachstumsunternehmen gehandelt werden. Diese unterliegen meist hohen Schwankungen.

Etablierte Unternehmen

Langjährig etablierte Firmen sind meist überlegen gegenüber kleineren Kontrahenten aufgrund hoher finanzieller Sicherheit, gefestigten Einnahmen und dem Ruf zurückliegender Erfolge. Das Wagnis des Investors ist äußerst gering und es fallen lediglich erschwingliche Gebühren je Transaktion an. Dies geschieht aufgrund der Tatsache, dass derartige Handelspapiere in der Regel äußerst lange gehalten werden können. Ein weiterer Vorteil ist der Umstand, dass Sie sich keineswegs nach dem aktuellen Stand bezüglich der Firmen erkundigen müssen. Andererseits ist dieser merklich von der generellen Entwicklung der Börse in Abhängigkeit. Aus diesem Grund ist es zum einen wichtig, während einer Hochphase nicht zu einem erhöhten Preis Aktien zu erwerben. Auf der anderen Seite sollte die Investitionsstrategie auf längere Sicht konzipiert sein, um während eines Abschwungs der Konjunktur ausharren zu können.

Im Folgenden sind die 15 Umsatzstärksten börsennotierten Unternehmen der Welt in chronologischer Reihenfolge aufgelistet.

Die jeweiligen Beträge werden in Euro ausgewiesen.

Name	Land	Umsatz	Gewinn	Market cap
Saizen REIT Registered Units	Türkei	unbekannt	unbekannt	24,4 Bio.
Apple	USA	233,0 Mrd.	49,5 Mrd.	1,7 Bio.
Microsoft	USA	113,6 Mrd.	35,4 Mrd.	1,4 Bio.
Amazon	USA	254,4 Mrd.	10,5 Mrd.	1,3 Bio.
Alphabet Inc. (A) (ehemals Google)	USA	146,6 Mrd.	31,1 Mrd.	946,8 Mrd.
Tencent	China	unbekannt	unbekannt	605,6 Mrd.
Facebook	USA	64,1 Mrd.	16,8 Mrd.	564,0 Mrd.
Visa	USA	20,9 Mrd.	11,0 Mrd.	372,4 Mrd.
Wal-Mart Stores	USA	456,8 Mrd.	6,0 Mrd.	356,4 Mrd.
Johnson & Johnson	USA	76,0 Mrd.	14,0 Mrd.	331,5 Mrd.
Tesla	USA	22,7 Mrd.	-795,1 Mio.	331,4 Mrd.

Neolink Cyber Technology Holding	Kaiman Insel	unbekannt	unbekannt	307,4 Mrd.
Samsung Electronics Co. (OTC)	Südkorea	168,9 Mrd.	15,8 Mrd.	300,9 Mrd.
Procter & Gamble	Samsung Electronic Co. (OTC)	61,1 Mrd.	3,5 Mrd.	299,3 Mrd.

Quelle:
FOCUS Online Group GmbH, Stand 05.11.2020

Börsenarten

Sicherlich haben Sie während eines Urlaubsaufenthaltes einmal an einem Bazar etwas erworben. Somit dürfte Ihnen der Vorgang an der Börse bereits vertrauter sein, als Sie vermutlich erahnen. Schließlich unterscheidet sich die Aktienbörse in vielerlei Hinsicht keineswegs von solchen Märkten.

Sollten frisches Obst, Gemüse, Fleisch oder ähnliches benötigt werden, begeben sich Interessenten erst einmal zum „Markt". Die dort auf den Schildern ausgewiesenen Preise für deren Güter hängen grundsätzlich von dem vorherrschenden Angebot und der Nachfrage ab. Sollte beispielsweise ein Händler den Ruf haben, hochwertiges Gemüse zu verkaufen und aufgrund dessen etliche Interessenten herbeieilen, so sollte er den Preis erhöhen. Der Händler kann dennoch davon ausgehen, dass ihm die Ware abgenommen wird. Aufgrund dieser Begebenheit sollte er den Preis senken, sofern beispielsweise ein Skandal bezüglich des Gemüses bekannt wird. Folglich würde weniger Kundschaft einkaufen und der Händler würde ohne Gegenmaßnahme Verlust einfahren. Im Prinzip verhält es sich an der Aktienbörse ähnlich. Hier treffen ebenfalls Käufer und Verkäufer aufeinander, um entsprechend der Preisschwankungen ein attraktives Angebot zu erhandeln. Bei der "Ware" handelt es sich neben Firmenanteilen in aller Regel um Anleihen und Rohstoffe.

Die Rolle des Aktionärs ist an der Wertpapierbörse frei wählbar. Ein jeder könnte sowohl als Erwerber, als auch Anbieter in Erscheinung treten. Darüber hinaus werden die Geschäftsabwicklungen - im Vergleich zu früheren Börsenjahren - durchaus nicht umgehend zwischen Käufer und Anbieter vollzogen. Heutzutage fungieren meist Bankinstitute als Zwischenhändler. Auch der Handel an der Börse wird heutzutage meist auf virtuellem Wege durchgeführt. Früher wurden Derivate ausschließlich in physischer Form gehandelt. Um angemessene und transparente Geschäftsabwicklungen gewährleisten zu können, existieren Regularien und Kontrollstellen, jene die Handelstransaktionen an der Wertpapierbörse überwachen. Zusammenfassend kann gesagt werden:

> **Die Aktienbörse ist ein Standort, an jenem Kauf- und Verkaufsangebote mittels eines Zwischenhändlers zusammengebracht werden.**

Generell werden die Börsenarten folgend kategorisiert:

Aktienbörsen

An Aktienbörsen werden Wertpapiere, sogenannte Anteilsscheine an Aktiengesellschaften, gehandelt. Jedes wirtschaftlich agierende Land, fernab seiner Größe, verfügt über mindestens eine derartige Institution. Gemessen am Volumen des Handels sind die größten Börsen weltweit die New York Stock Exchange, das Technologiebarometer Nasdaq und die Tokioter Aktienbörse, auf jene die Börsen Chinas Shenzhen und Shanghai folgen. Unsere inländische Aktienbörse rangiert sich an achter Stelle. Anleger, welche Wertpapiere einer Gesellschaft besitzen, können jene anhand einer Aktienbörse abermals in Bonität umwandeln. Laut Vereinigung der Deutschen Industrie e.V. (BDI) ist in Deutschland lediglich ein geringfügiger Anteil der Aktiengesellschaften börsennotiert. Von 17.000 Aktiengesellschaften halten lediglich 900 eine Zulassung für die Börse.

Die vorgegebenen Regelungen werden hierbei jedoch nicht von den Firmen, sondern der Börse bestimmt. In diesem Zusammenhang ist es allerdings möglich, dass auch Anteile von Unternehmen gehandelt werden, jene ihren Aufenthaltsort in einem anderen Land als die entsprechende Aktienbörse haben. In diesem Sachverhalt unterliegt der Handel mit besagten Aktien dem Gesetz des jeweiligen Landes.

Rentenmärkte

Als mitwirkender Teil des Kapitalmarktes bestehen neben Wertpapierbörsen auch Rentenmärkte. Solche sind nahezu identisch aufgebaut und unterscheiden sich lediglich aufgrund des zu handelnden Guts.

> **"Bei Renten handelt es sich um festverzinsliche Aktien, jene an der Aktienbörse handelbar sind."**

Dies steht im Kontrast zu Bundesschatzbriefen beziehungsweise Sparbriefen, welche gewiss nicht zum Handel an der Wertpapierbörse legitimiert sind. Dem Gegenüber können Bundesanleihen, Bundesobligationen, sowie Anleihen von Firmen an den Rentenmärkten sowohl erworben, als auch veräußert werden. Jenes gilt auch für die Rentenmärkte außerhalb Deutschlands, wobei die Anleihen dort zum Beispiel als **"Bonds"** beziehungsweise **"Gilts"** betitelt werden.

Rohstoffmärkte

Bei Warenbörsen, auch als „**Spot Markets**" bezeichnet, handelt es sich um Märkte, an jenen physische Geschäfte mit Waren vollzogen werden. Die Waren sind augenblicklich zu bezahlen und auszuhändigen. Zu den dort gehandelten Gütern gehören Werkstoffe wie Öl, Holz, Stoffe, Edelmetalle und Lebensmittel.

Die Warenbörsen sind der Standort, an dem Produzenten und Großhandelsunternehmer beziehungsweise die weiterverarbeitende Industrie zusammentreffen. Für kleinere Anleger ist die Warenbörse aufgrund des prekären Zugangs **eher bedingt geeignet**.

Terminbörsen, Futures und Optionen

An Terminbörsen werden zeitlich vorgegebene Geschäftsabwicklungen vollzogen. Dies lässt sich insofern verstehen, das Geschäfte in der Gegenwart abgeschlossen, allerdings erst in der Zukunft erfüllt werden. Dies erfolgt mittels **Futures** und **Optionen**. Die Geschäftsabwicklung mittels Futures und Optionen ist an der Wertpapierbörse im Allgemeinen als Königsdisziplin bekannt. Schließlich ermöglichen selbige Finanzinstrumente innerhalb einer geringen Zeitspanne exorbitante Margen, sind jedoch mit einem hohen Risiko einhergehend. Bei **Futures könnte der Verlust sogar den Einsatz überschreiten**. Wobei handelt es sich also bei Futures und Optionen konkret?

Wie der Begriff "Option" bereits erahnen lässt, handelt es sich um eine Auswahlmöglichkeit. Der Käufer einer Option erhält somit das Recht, einen Basiswert (Aktie, Index, Rohstoff beziehungsweise Devise) inmitten einer bestimmten Zeitspanne zu einem definierten Preis **"Basispreis"** zu erwerben **"Call-Option"** beziehungsweise zu veräußern **"Put-Option"**. Der Verkäufer einer Option **"Stillhalter"** geht die Verpflichtung zur Lieferung des Basiswertes beziehungsweise zur Tilgung der Differenz ein. Hierfür erhält er eine Prämie.

Im Falle, dass der Basiswert bis zum Ende der Laufzeit ansteigt, erwirtschaftet der Abnehmer einer Call-Option einen Erlös. Ein Gewinn ergibt sich, sobald der Kurs des Basiswertes den des Basispreises übersteigt. Der Käufer einer Put-Option erwirkt einen Benefit, sofern der Basiswert bis zum Laufzeitende fällt. Ein Überschuss entwickelt sich, sofern der Kurs des Basiswertes unterhalb des Basispreises liegt. Gleichartig funktionieren Futures.

> **"Im Kontrast zu Optionen sind Futures gleichwohl für beide Seiten juristisch bindend zu erfüllen."**

Händler und Abnehmer verpflichten sich, den Bezugswert zum bestimmten Preis nach Ablauf einer definierten Zeitspanne zu kaufen beziehungsweise zu veräußern. Da mittels verhältnismäßig kleinen Einsätzen enorme Mengen an Kapital bewegt werden, sind sowohl die potenziellen Gewinnmargen, als auch eventuelle Verluste exorbitant. Ein Beispiel:

Im Falle eines Dax-Futures entspricht ein Indexpunkt 50 Euro. Auf einem entsprechenden Konto sind im Allgemeinen fünf Prozent als Sicherheit **"Margin"** zu hinterlegen. Bei einem Dax-Stand von 10.000 Punkten weist ein Dax-Future demzufolge einen Wert von 500.000 Euro auf (10.000 x 50 Euro), jedoch müssen lediglich 25.000 Euro (5 Prozent von 500.000) hinterlegt sein. Steigt der Dax-Future von 10.000 auf 11.000 Punkte, errechnet sich für den Investoren ein Profit von 50.000 Euro (1000 Punkte x 50 Euro), während der Einsatz lediglich 25.000 Euro beträgt. Vergleichbar funktioniert der Hebel jedoch auch in die negative Richtung. Im Falle, dass der Preis des Futures gefallen ist, geschieht eine Belastung des Kontos in Höhe des Tagesverlustes. Hierbei sind die roten Zahlen keineswegs lediglich auf die ursprüngliche Absicherung beschränkt. Sollte eine gewisse Untergrenze auf dem Konto unterschritten werden, gilt es, Vermögen nachzuführen. Andernfalls droht die zwangsmäßige Glattstellung der Position.

Selbige derivativen Finanzinstrumente werden an den entsprechenden Terminbörsen konzipiert und zum Geschäftsverkehr angeboten. Zudem wird auf die gesetzeskonforme Erfüllung der Verträge achtgegeben. Die erfolgreichsten Terminbörsen lauten:

Chicago of Trade (**CBOT**), Chicago Mercantile Exchange (**CME**), die London International Financial Futures Exchange (**LIFFE**) nebst der deutsch-schweizerischen Terminbörse **EUREX**.

Devisenmärkte

Es handelt sich hierbei um keine "Devisenbörse" im gewöhnlichen Sinne. Schließlich werden Dollar, Yen & Co. global ausschließlich digital via Computer der Devisenhändler getradet, welche auf der ganzen Welt vernetzt sind. Hierfür werden keinerlei Verhandlungsräume und Makler benötigt. Stattdessen werden die Einnahmen im Geschäftsverkehr der großen Bankgesellschaften unter sich im sogenannten "**Interbanken-Markt**" vollzogen.

Das Außergewöhnliche hierbei: Devisen werden 24 Stunden am Tag getradet. In Tokyo, Frankfurt und New York gleichermaßen wie in Wellington, Neu-Delhi und Johannesburg. Für erfahrene Devisenspekulanten bedeutet dieser Umstand durchgehend wachsam zu bleiben. Schließlich könnte jede mögliche Veränderung am anderen Ende der Welt zu Handlungsbedarf führen. Aus diesem Grund ist der **Markt für Devisen als Anfänger ungeeignet**.

ETF

S eit Beginn des Jahres 2000 ist es Investoren
möglich, an der Frankfurter Handelsbörse mit
ETF "Exchange Traded Funds" Handel zu
betreiben. Im Laufe der vergangenen Jahre wurden
ETFs vermehrt von Privatpersonen erworben. In der
Gesamtheit ist die Summe des investierten Kapitals in
der Bundesrepublik von 2002 bis 2020 von fünf
Milliarden Euro auf über 142 Milliarden Euro
gewachsen (Quelle: BVI).
Ein Investmentfonds sammelt das Vermögen von
Anlegern. Dieses Kapital wird als Nächstes vom
Manager des Fonds an den Finanzmärkten für die
Aktionäre angelegt. Der immense Benefit eines Fonds
liegt in der Risikostreuung, da Wertpapiere nicht im
Einzelnen erworben werden. Das Kapital wird auf
mehrere Aktien verteilt, wodurch ein geringeres Risiko
des Verlustes geschaffen wird. ETFs sind
börsengehandelte Fonds mit dem Ziel, einen bereits
vorhandenen Index nachzubilden. Nehmen wir zur
Veranschaulichung den deutschen Aktienindex DAX:

Der DAX gibt den Wert der 30 größten börsennotierten
Unternehmen Deutschlands an. Ein ETF, welcher
diesen nachbilden möchte, würde nun exakt jene 30
Wertpapiere nachkaufen.
Demzufolge ermöglichen ETFs **anhand des Erwerbs
eines einzelnen Produktes in einen weitgefächerten**

Markt zu investieren. Aufgrund dieser Begebenheit bieten ETFs einen immensen Vorteil - sie sind deutlich kostengünstiger als herkömmliche Fonds, bei jenen ein Fondsmanager Aktien einzeln aussucht und entsprechend honoriert wird. Für ETFs zahlen Sie merklich weniger bis gar keine Provision für die Vermittlung. Selbst die laufenden Kosten betragen im Durchschnitt lediglich ein Siebtel der Gebühren aktiver Fonds. Hinsichtlich des Ausbleibens von aktiver Handlungen eines Fondsmanagers werden ETFs oftmals als passive Indexfonds bezeichnet.

Darüber hinaus wird die Fondsgesellschaft an den Einnahmen beteiligt. Die Kosten hierfür können sich auf bis zu 20 % der jährlichen Rendite belaufen. Sollten Sie hingegen einen ETF erwerben, wird jene Umsatzprovision nicht fällig. Aktive Investmentfonds erstreben das Ziel, lukrativere Preise als jene des Marktes zu erreichen. Studien haben jedoch resultiert, dass dies in den wenigsten Fällen gelingt.

Veranschlagt man diesen Umstand mit der anfallenden Umsatzprovision, so verringert sich die Effizienz zusätzlich. ETFs bestehen zeitgleich zu der angemessenen Performance des Marktes. Es ist keineswegs das Ziel, mit dem Marktpreis zu konkurrieren. Sie orientieren sich anhand dessen.

Folglich sind ETFs äußerst wandlungsfähig und kostengünstig zu erwerben beziehungsweise zu halten. Konventionelle Fonds werden größtenteils nur einmal am Tag aktualisiert. Diesem Umstand geschuldet kann der Absatz durchaus einige Tage in Anspruch nehmen. Folglich kann die Ausführung gegebenenfalls zu ungünstigeren Konditionen als veranschlagt vollzogen werden. ETFs bieten hingegen eine Garantie: Der Anbieter gewährleistet jederzeit (in Abhängigkeit zu den Öffnungszeiten der Börse) erwerben und veräußern zu lassen.

	passive Indexfonds	aktive Aktienfonds
Anlageziel	Nachbildung eines Referenzindex	Referenzindex überbieten
laufende Kosten	etwa 0,2 bis 0,5 % pro Jahr	etwa 1,5 % pro Jahr
Anschaffungs- kosten	einmalig bis zu 0,25 %	einmalig bis zu 5 %

Quellen:

durchschnittlicher Gesamtwert verschiedener Dienstleister lt. Angebot, 20. August 2020

Arten von ETFs

Generell wird bei ETFs bezüglich der jeweiligen Abbildungsvariation unterschieden:

➤ terminlich festgesetzte Gewinnausschüttung
➤ automatisch reinvestierend

Zusätzlich wird zwischen synthetischen und physischen ETFs unterschieden.

Thesaurierende ETFs

Thesaurierende ETFs reinvestieren die erzielten Gewinne auf direktem Wege in den Indexfonds. Folglich werden dem Anteilhaber keinerlei direkten Dividenden ausgeschüttet.

Zu früheren Zeiten resultierte hieraus ein steuerlicher Benefit für Investoren aufgrund der Begebenheit, dass die Kapitalertragsteuer erst durch Ausschüttung der Margen beglichen werden musste. Auf diese Weise konnten Profite neu angelegt werden, ohne vorab versteuert zu werden. In der Zwischenzeit wurde allerdings eine Neuregelung des Steuergesetzes für Investment eingeführt, welche die Steuerveranschlagung unterschiedlicher ETFs und einzelner Fonds als einheitliche Position einstuft. Hierdurch wird eine Steigerung des Wertes grundsätzlich mit einer sogenannten Vorabpauschale besteuert.

Ausschüttende ETFs

Wie der Name bereits erahnen lässt, werden hierbei die Gewinne direkt an den Aktionär ausgezahlt. Die zeitliche Festsetzung der Ausschüttung kann, je nach Sparplan, jährlich, halbjährlich, alle drei Monate und in seltenen Fällen auch monatlich erfolgen. Eine Gewinnerzielung ist demnach lediglich anhand von Kursgewinnen möglich.

Synthetische ETFs

In dieser Konstellation lässt sich der ETF-Dienstleister die Entwicklung des Index mithilfe eines Auswechselns **"Swap"** mit einem Finanzinstitut garantieren. Die Bank selbst ist im Besitz eines Sortiments an Wertpapieren namhafter Firmen. Bankhäuser und Dienstleister, welche ETFs anbieten, gleichen die Entwicklung des Wertes kontinuierlich aus. ETF-Dienstleister sind aufgrund dieser Vorgehensweise in der Lage, den Index effizienter zu imitieren. Der Austausch ist in aller Regel mittels Anleihen des Staates abgesichert, welche bei einer potenziellen Zahlungsunfähigkeit der Bank greifen. Von privaten Aktionären wird diese Art von ETF generell als erste Wahl angesehen, angesichts der Tatsache, dass diese weniger riskant wirken. Fachleute erachten dieses Wagnis als nicht gegeben. Einbußen der Investoren könnten jedoch daraus resultieren, dass entsprechendes Bankhaus geraume Zeit vor der Illiquidität nicht dafür Sorge getragen hat, das Volumen der Absicherung entsprechend anzugleichen.

Beispiel: ETF-Anbieter A lässt sich vom Swap-Partner Bank B die Wertentwicklung des Weltaktienindex MSCI World garantieren. A baut im Gegenzug ein sogenanntes Trägerportfolio mit einigen angesehenen, des Öfteren gehandelten Wertpapieren auf und sichert solch eine Wertentwicklung Bank B zu. Kursschwankungen gleichen die Partner in regelmäßigen Abständen aus. Ein Dilemma könnte entstehen, sofern Bank B Insolvenz anmeldet und die Entwicklung des Wertes des MSCI World nicht mehr wie festgelegt an ETF-Anbieter A aushändigen kann. Anschließend müsste ETF-Anbieter A auf das individuelle Aktien-Portfolio zurückgreifen und dieses zu Geld machen. Sollte das Gesamtvolumen weniger wert sein als der MSCI World, müsste Dienstleister A die von Bank B zu diesem Nutzen hinterlegten Sicherheiten beanspruchen. In der Regel handelt es sich hierbei um Staatsanleihen oder Bargeldbestände. In Europa ist streng reguliert, dass Unstimmigkeiten im Wert beider Portfolios "**Swap-Wert**" durchgehend mit Sicherheiten hinterlegt sein müssen. Seit März 2017 sogar zu 100 Prozent. Der Swap-Wert wird tagtäglich bestimmt und Sicherheiten nachgezogen.

Physische ETFs

Im Zuge der Full-Replication-Methode werden jegliche Komponenten des Index mit angemessener Gewichtung im gesonderten Vermögen festgesetzt. Auf diese Weise ist die Ungleichheit in Relation zum Vergleichsindex äußerst marginal. Jedoch stößt diese Handhabe bei den führenden Indizes, etwa dem S&P

500 Börsenindex, auf Einschränkungen. Die Gebühren einer Transaktion für 500 einzelne Wertpapiere wären immens.

Folglich agieren ETFs grundsätzlich anhand der "**Sampling Methode**". Dies geschieht anhand des Erwerbs einer kleineren Anzahl für das gesonderte Vermögen. Bei dem sogenannten "**optimized sampling**" hält der ETF nahezu jegliche Wertpapiere, welche im Vergleichsindex (Originalindex) vorhanden sind. Die Gewichtung der in einem physischen ETF vorhandenen Wertpapiere ist adäquat zu den Wertpapieren des abgebildeten Index. **Es handelt sich um eine physische Nachbildung, anhand jener die Leistungsfähigkeit des nachzubauenden Index nachgeahmt werden soll.** Physische ETFs sind den Umständen entsprechend einfach und transparent. Aufgrund der Tatsache, dass die physische Nachbildung eine Vielfalt von Komponenten und Kenntnisse des Index voraussetzt, ist eben diese Strategie von Grund auf **sehr arbeitsintensiv und kostenintensiv.** Ebendiese zusätzlichen Gebühren werden durch höhere Summen aller Kosten für physische ETFs an die Anleger weitergegeben.
Der ETF-Anbieter erwirbt keinesfalls generell sämtliche im Index vorhandenen Handelspapiere. Im Falle von breit gestreuten ETFs, etwa dem MSCI World, hält der ETF-Dienstleister eine optimierte Auslese an Wertpapieren. Diese dient als Richtlinie, um die Wertentwicklung des Index ausreichend nachzubilden "**optimized sampling**". Gleichzeitig verleiht der ETF-Dienstleister Teile seiner Wertpapiere an

anderweitige Marktakteure. Investmentbanken, welche schnellstmöglich Handelspapiere benötigen, wären hierfür ein Beispiel. Auf diese Weise wirtschaftet der ETF ergänzend hinzu und könnte so zu mehr Rendite verhelfen.

Der ETF-Anbieter erhält eine optimierte Auswahl. Diese ist ausreichend, um die Wertentwicklung des Index hinreichend abzubilden. Gleichzeitig veräußert der ETF-Anbieter Teile seines Aktienbestands an andere Marktakteure. Ein Händler, der sich vom ETF-Anbieter Wertpapiere ausleiht, ist in der Verpflichtung Sicherheiten zu hinterlegen. Zum Ende eines Handelstages wird geprüft, ob die hinterlegten Sicherheiten noch in einer verhältnismäßigen Relation stehen. Sollte dies nicht der Fall sein, so muss der Aktionär Sicherheiten nachliefern.

Portfolio aufbauen

Vom Anlegen eines individuellen ETF-Portfolios wird Gebrauch gemacht, um global in unterschiedliche Aktien zu investieren. Gleichzeitig soll eine wohlüberlegte Verteilung des Risikos erzielt werden. Um ETFs erwerben zu können, benötigt es weitaus weniger Kapital im Vergleich zum Erwerb einzelner Wertpapiere. Dieser Umstand betrifft konventionelle Fonds gleichermaßen. Diese erheben hingegen kostspielige Verwaltungskosten und verrechnen einen Ausgabeaufschlag **"Agio"**. Die Mehrzahl der Emittenten berechnen 5 %. Sollten Sie den Fonds über eine Onlinebank erwerben, umfasst der Agio für alleinstehende Fondsprodukte lediglich 2,5 %. Bedeutet, dass der Zuschlag um 50 % verringert wird.

Keinen Ausgabeaufschlag zu erheben ist jedoch nicht der einzige Vorteil von ETFs. Die Kosten der Verwaltung sind angesichts der Passivität zum Teil merklich geringer. Um von der Rendite eines ETFs nennenswert zu profitieren, wäre das Anlegen von mindestens 10.000 € angemessen. Im Allgemeinen empfiehlt sich eine Laufzeit nicht unter fünf Jahren. Es ist jedoch möglich, für einen geringeren Betrag in einen sogenannten "ETF-Sparplan" anzulegen. Dieser lässt Investoren bereits ab 25 € pro Monat in ETFs investieren.

Erstellung eines Portfolios

Welche ETFs für Ihr Portfolio (Depotzusammensetzung) besonders erfolgversprechend sein können, ist in Relation zu Ihrem privaten Anlagehorizont und der entsprechenden Risikobereitschaft zu setzen. Die Zusammensetzung des Depots ist ebenfalls mit dem Alter des Investors gekoppelt. Ein 28-Jähriger mit langjähriger Erfahrung könnte einen tendenziell hohen Quotient an Wertpapieren in sein Portfolio integrieren. Sofern man das Voranschreiten des Börsenmarktes vergangener Jahrzehnte zugrunde legt, gleichen sich die Fluktuationen aus und der Investor wird voraussichtlich eine ausgezeichnete Steigerung des Wertes der eigenen ETFs erwirken. Ein 59-Jähriger mit einem Anlagehorizont von zwei Jahren, welcher die Wertpapiere als weitere Vorsorge für das Rentenalter benötigt, sollte tendenziell in ETFs mit geringerem Risiko investieren. Auf diese Weise werden die Risiken von großen Kurseinbrüchen heruntergesetzt.

Es existieren diverse Varianten bezüglich des Splits eines ETF-Portfolios "**Asset Allocation**". Eine generell empfehlenswerte Aufteilung, welche unabhängig vom Alter ist, bilden folgende 3 ETFs in entsprechender Gewichtung:

➤ 60 % in die Weltwirtschaft, beispielsweise "MSCI World"

➤ 20 % in Schwellenländer, beispielsweise "MSCI Emerging Markets"

➤ 20 % Anleihen

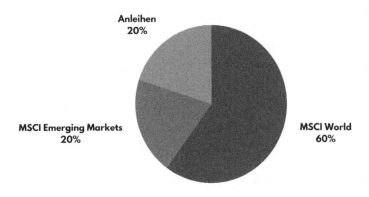

Diese Konstellation setzt die Möglichkeiten und Gefahren in eine tendenziell ausgeglichene Relation. Es ist auf der einen Seite gewinnorientiert, jedoch aufgrund der weitgefächerten Verteilung **"Diversifikation"** risikoärmer als vereinzelte Wertpapiere. Die Anleihen-ETFs legen das Fundament für eine gewisse Sicherheit im Portfolio.

Der MSCI World ist ein globaler Börsenindex, welcher die Entwicklung des Wertes von mehr als 1.600 Firmen aus 23 Ländern abbildet. MSCI steht für "Morgan Stanley Capital International", welches der Finanzdienstleister mit Sitz in New York ist (MSCI World). Der **MSCI World ist meines Erachtens der empfehlenswerteste ETF**, da dieser sich aufgrund seines geringen Risikos und einer kontinuierlichen Wertsteigerung bereits seit 1970 unter Beweis stellen konnte. Dies beruht insbesondere auf der breiten Streuung. Aufgrund der weitgefächerten Verteilung haben Kursschwankungen einzelner Unternehmen einen deutlich geringeren Einfluss.

Der MSCI World enthält ausschließlich große, sowie mittelgroße Betriebe aus Ländern, welche der MSCI als entwickelte Industrieländer einordnet. Schwellenländer werden keinesfalls in Erwägung gezogen. Der Index deckt für jedes Land etwa 85 Prozent der Kapitalisierung des Marktes ab. Die Marktkapitalisierung in einem Staat bezeichnet den Wert sämtlicher Gesellschaften, welche an der Börse notiert sind. In der Bundesrepublik waren im Jahre 2019 rund 460 Organisationen gelistet. Deren Marktkapitalisierung beläuft sich in Summe etwa auf 1.200 Milliarden Euro.
Im Index werden die einzelnen Länder anhand ihrer Kapitalisierung am Markt gewichtet.

Name	Länderanzahl	Anzahl an Aktien
MSCI World Index	23	ca. 1.650
MSCI Emerging Markets	26	ca. 1400
MSCI All Country	49	ca. 3.050
MSCI USA	1	ca. 650
MSCI China	1	ca. 700
MSCI Europe	15	ca. 450

Quelle: MSCI, Stand 15.03.2020

Der anteilige Quotient einer Nation ist jedoch keineswegs beständig: in Abhängigkeit des jeweiligen Voranschreitens des Aktienmarktes variiert die Gewichtung. Sollte die Marktkapitalisierung eines Landes ansteigen, so wird dessen Indexgewichtung entsprechend erhöht. Dieser Umstand stellt eine weitere Risikominimierung dar, da stets ein aktueller Zusammenschluss erfolgreicher Aktien besteht. Von 1975 bis Ende 2019 hat der MSCI World Netto im Durchschnitt eine jährliche Marge von neun Prozent erwirkt.

Zur Festlegung des Index werden die bedeutendsten Unternehmen der jeweiligen Staaten erkoren. Als erfolgreichster Konzern im Februar 2020 erwies sich die Firma Apple, welche einen Marktwert von ungefähr 1,1 Billionen Euro erreichen konnte. Das "umsatzschwächste" Unternehmen wies hingegen noch immer einen Spitzenwert von etwa einer Milliarde Euro auf. Die Kapitalisierung des Marktes darf festgesetzte Werte keinesfalls unterschreiten. Des Weiteren müssen die jeweiligen Handelspapiere in einem hinreichenden Ausmaß gehandelt werden. Konzerne, welche die Mindestanforderungen nicht erfüllen, nimmt der MSCI unter keinen Umständen in den Index auf. Die Zusammenstellung des MSCI World wird mittels Indexanbieter alle drei Monate geprüft.

Die 10 erfolgreichsten Konzerne im MSCI World

Name	Börsenwert in Mrd. Euro	Indexgewicht	Branche
Apple	1.123	3,05 %	IT
Microsoft	1.070	2,90 %	IT
Amazon	721	1,95 %	Konsum
Facebook	421	1,14 %	IT
Alphabet C1	381	1,03 %	IT
Alphabet A	365	0,99 %	IT
JP Morgan Chase	338	0,92 %	Finanzen
Johnson & Johnson	334	0,88 %	Gesundheit
Visa	286	0,77 %	Finanzen
Nestlé	277	0,75 %	Nahrung

Quelle MSCI, Stand 15.03.2020

Index - Varianten

Grundsätzlich errechnet sich der MSCI World anhand dreier unterschiedlicher Messungen. Der **Kursindex** stellt hierbei eine Art Grundmodell dar. Er bildet die Entwicklung des Wertes der beinhaltenden Wertpapiere ab, beachtet jedoch keinerlei Dividenden. Mit diesem Umstand befasst sich die zweite Variation, der **MSCI-World-Brutto-Index**. Ausbezahlte Dividenden fließen wiederkehrend in den Index, wie es beispielsweise im Zusammenhang mit einem thesaurierenden Fonds geschieht. Demzufolge ist die Entwicklung des Wertes weitaus höher im Vergleich zum Kursindex. Sachkundige sprechen in solch einer Konstellation von einem **"Total-Return-Index"**, welcher auch als **"Performance-Index"** bekannt ist.

Mit der dritten Variation, dem **MSCI-World-Netto-Index**, werden die Gewinnausschüttungen ebenfalls wiederkehrend zugeführt. Das wesentliche Unterscheidungsmerkmal im Vergleich zum Brutto-Index stellen die **Quellensteuern** dar. Zahlreiche Länder erheben solch eine Steuer im Zusammenhang mit Dividenden. Bei der Errechnung des MSCI-World-Netto-Index werden diese subtrahiert. In englischsprachigen Ländern werden die einzelnen Varianten des MSCI World als **"Price Index** (Kursindex)"**, **"Net Index** (Netto-Index)"** und **"Gross Index** (Brutto-Index)"** betitelt.

Eine sichere Anlageform?

Vermögen, welches in Fonds investiert wurde, zählt zu dem gesonderten Vermögen und unterliegt einem besonderen Schutz. Im Falle einer Insolvenzanmeldung Ihres ETF-Anbieters bleiben Sie auch weiterhin Eigentümer der Aktienanteile. Laut Gesetz sind Fondsgesellschaften in der Verpflichtung, die Fondsanteile ihrer Aktionäre vom Unternehmensvermögen gesondert zu verwahren. Infolgedessen wird das Geld bei unabhängigen Depotbanken zwischengelagert. Die ETF-Dienstleister iShares und Xtrackers sind beispielsweise in Kooperation mit der State Street Bank.

Diese Konstellation bewahrt vor der Begebenheit, dass Kapital der Anleger im Zusammenhang mit einer Insolvenz der Fondsgesellschaft ebenfalls in Gefahr stünde. Als Gewinnbeteiligter wird die verwahrende Bank mit in die Verantwortung gezogen und ist folglich in der Verpflichtung, die Administration des ETF zu übernehmen. Dieser Umstand verweilt, bis ein anderweitiger ETF-Dienstleister die Aktienanteile aufkauft.
Sollte stattdessen die Depotbank Konkurs anmelden, so ist diese in der Verpflichtung, die Aktienanteile an einen Treuhänder zu überschreiben. Dieser übernimmt somit jegliche Ansprüche und damit einhergehende Verpflichtungen. Gleichzeitig dient dieser als neue Kontaktperson. Meist ist im Zusammenhang von ausländischen Aktien von einem Wechsel- beziehungsweise Währungsrisiko die Rede. Die Sorge

rührt daher, dass europäische Anleger nicht generell von Kursanstiegen profitieren, da diese meist in US-Dollar gehandelt werden. Investoren müssen mit Einbußen rechnen, sofern der Euro simultan zur vorteilhaften Entwicklung des Wertes steigt. Im Gegenzug wird aus Aufschlägen ein Vorteil gewonnen, sofern der Wert des Euros abnimmt.

Setzt man die Entwicklung des Euros ins Verhältnis mit der MSCI-World-Indexentwicklung, so wird dies schnell ersichtlich. Während der Index im Wert weiter ansteigt, könnte der Umstand eintreten, dass der Euro stagniert. Dies ist der Fall, sobald sich der Euro in einem Aufschwung befindet. Daraufhin ist eine geringere Anzahl an Euros erforderlich, um den Kurs des Dollars zu erreichen. Da es sich lediglich um den Wechselkurs handelt, verliert die Aktie an sich nicht an Wert. **Sollten Sie nicht kurzfristige Geschäftsabwicklungen tätigen, so wirkt sich der Wechselkurs nicht negativ aus**. Wie der vorherigen Tabelle zu entnehmen ist, fällt die Rendite auf längere Sicht seit Anbeginn stets positiv aus.

Anleihen

nleihen werden als Schuldverschreibungen, Obligationen, sowie Renten betitelt. Sie beurkunden eine schuldrechtliche Verpflichtung. Der Darlehensgeber hat ein Anrecht darauf, die vollständige Summe "**Nominalbetrag**" zuzüglich Zinsen zurückzuerhalten. Eine Anleihe ist prinzipiell in zweierlei Gliederungen aufgestellt: dem "**Zinskupon**" und dem "**Nennwert**". Die detaillierte Aufgliederung der Voraussetzungen einer Anleihe ist im Emissionsprospekt genauestens dargestellt. Anleihen aus Deutschland werden durch die Finanzaufsicht (BaFin) überprüft. Die Kreditoren sind in der Verpflichtung, die Daten Ihres Prospektes mittels eines Wirtschaftsprüfers kontrollieren zu lassen.

Es existieren eine Unmenge verschiedenster Anleihen. Je nach Anbieter wird unter drei Hauptkategorien differenziert:

> ➢ öffentliche Anleihen (Kommunale, staatliche Anleihen)
> ➢ Pfandbriefe (Anleihen von Pfandbriefbanken)
> ➢ Anleihen von Konzernen

Im Unterschied zu Wertpapieren werden durch Anleihen keineswegs Firmenanteile erworben. Es handelt sich lediglich um eine finanzielle Abmachung zwischen Gläubiger und Schuldner. Der Auftraggeber (Käufer) einer Firmenanleihe wird demzufolge **nicht Anteilseigner eines Unternehmens, sondern Darlehensgeber.**

Unternehmen, sowie Staaten leihen sich Kapital und begleichen Zinsen in Höhe eines vorab bestimmten Zinssatzes. Prinzipiell werden diese annual, halbjährlich und hin und wieder quartalsweise getilgt. Im Falle einer Zahlungsunfähigkeit des Kreditnehmers werden die Anforderungen der Kreditoren vorzugsweise gegenüber jenen der Aktieninhaber beglichen. Anleihen sind im Regelfall nachrangige Darlehen. Dies hat zur Folge, dass die Forderungen der Gläubiger erst nach anderen Gläubigern zufriedengestellt werden.

Handel

Die Stellung des Kurses von Anleihen variiert im Verhältnis zum allgemeinen Zinsniveau beziehungsweise der Liquidität des Kreditnehmers. Bei zunehmendem Zinstrend sinken Anleihen, bei fallendem sind diese erhöht. Je länger die Laufzeit, umso stärker sind die Schwankungen des Kurses. Bei nicht ersichtlichen, sowie zunehmendem Zinstrend wird ein Investor, jener die Anleihe eventuell wiederkehrend zu veräußern beabsichtigt, auf kürzere Restlaufzeiten setzen. Bei sinkenden Zinssätzen entsprechend auf längere. Selbst die grundsätzliche Marktsituation hat Einfluss bezüglich des Preises von Anleihen. Auf diese Weise halbierten sich die Preise vieler Anleihen während der Finanzkrise 2008 / 2009. Zum Ende der Laufzeit hin nähert sich der Kurs einer Anleihe stets dem Nennwert (100 %) an, sofern keinerlei Liquiditätsrisiken beim Kreditnehmer aufgetreten sind.

Das Ausmaß der Marge einer Anleihe ist unter anderem in Abhängigkeit vom Rating, dem grundsätzlichen Niveau der Zinsen und der Restlaufzeit der Anleihe. Für gewöhnlich werden bei langfristigen Zeitspannen höhere Renditen erwirtschaftet. Bei ausländischer Währung beeinflussen Veränderungen des Währungskurses zusätzlich die Rendite.

Pflichtangaben von Anleihen

Fernab der jeweiligen Konstellation der Anleihe sind folgende Angaben verpflichtend. Diese sind in den **Emissionsbedingungen** einzusehen:

> → Ausgabejahr
> → Laufzeit (*1)
> → Tilgung
> → Währung
> → Rang im Falle einer Zahlungsunfähigkeit
> → Zinssatz "**Kupon**" (*2)

(*1)
kurzfristige Anleihen: Drei Monate bis zwei Jahre Laufzeit
mittelfristige Anleihen: Zwei bis fünf Jahre Laufzeit
langfristige Anleihen: Fünf Jahre und mehr

(*2)
Festzinsen: Vertraglich festgelegter, unveränderbarer Zinssatz.
Variabler Zinssatz: Der Zinssatz wird von den Marktgegebenheiten bestimmt
Zero-Kupons: Hierbei wird nicht in regelmäßigen Zahlungen der Zinssatz verrichtet. Meist geschieht dies am Ende der Laufzeit zu einem sehr attraktiven Zinssatz. Nachteile hiervon sind allerdings eingeschränkte Kündigungsmöglichkeiten, sowie eine überdurchschnittliche Länge der Vertragsbindung

Öffentliche Anleihen und Staatsanleihen

Bei öffentlichen Anleihen handelt es sich um eine Kreditbeanspruchung, welche von Bund, Ländern, Bezirken und öffentlichen Firmen vergeben werden. Beispiele hierfür wären die Deutsche Post, sowie die Deutsche Bahn. Sinn dieser Anleihen ist die Finanzierung kostenintensiver Vorhaben, welche aus den gängigen Einkünften keineswegs gestemmt werden könnten und das Kapital auf lange Sicht gebunden ist.

Staatsanleihen werden von den Staatsgewalten der entsprechenden Bundesländer emittiert. Je höher die Bonität der zuständigen Bundesländer, desto geringer sind die Zinsen. So erlangt man für die Kreditbeanspruchung Deutschlands derzeit einen Zinswert unter 1 %. Die Zinsen decken folglich keineswegs die gegenwärtige Geldentwertungsrate ab. Der Anleger könnte jedoch von Kurssteigerungen profitieren. Bundesländer mit niedrigerer Liquidität, wie etwa Schwellenländer, entrichten hingegen höhere Zinsen von beispielsweise 7 %–14 %. Die Liquidität des Landes, sowie die Bedrohung durch Kriege sind hierbei ein keineswegs zu verachtendes Wagnis. Des Weiteren sollte stets ein möglicher Verlust der jeweiligen Währung des Landes mit einkalkuliert werden.

Ansprechpartner für das Geschäft mit privaten Kunden ist in der Bundesrepublik die Finanzagentur, deren einziger Teilhaber der Bund ist. Sie führt ein Verzeichnis bezüglich der Schulden, in jenem die Wertpapiere aufbewahrt werden. Je nach Land und Zeitspanne existieren verschiedene Betitlungen für eine Staatsanleihe: **„Euro-Bonds"** werden von Staaten inmitten der europäischen Zone ausgegeben. Staatsanleihen aus Amerika mit Laufzeiten von 1 bis 10 Jahren werden als **„T-Notes"** oder **„Treasury Notes"** bezeichnet. Großbritannien betitelt diese als **„Gilts"**. In der Bundesrepublik existieren sogenannte **„Bundeswertpapiere"**. Diese sind der Oberbegriff für drei unterschiedliche Wertpapierarten. Die herkömmlichen Staatsanleihen sind die Kreditbeanspruchung mit einer Laufzeit zwischen 10 und 30 Jahren. Folglich handelt es sich generell um zehnjährige Bundesaktien. Fünfjährige Wertpapiere nennt man **„Bundesobligationen"** und Kreditbeanspruchungen des Bundes mit einer Zeitspanne von bis zu zwei Jahren **„Schatzanweisungen"**.

Anhand der Vergabe von Anleihen finanzieren Länder die Defizite des Haushaltes. Auf diese Weise sichern Staaten die Bonität des Bundes. Anleger, jene eine Bundesanleihe erwerben, bestimmen demnach einen im Vorfeld festgelegten Zeitraum des Darlehens. Im Gegenzug erhalten die Investoren einen vereinbarten, generell jährlichen Zins. Jenen Zins betitelt die Finanzbranche als "**Kupon**". Die Zahlungen der Zinsen sind in der Regel höher, je längere die Zeitspanne ist. Dies rührt daher, dass dem Anleger der investierte Betrag für einen langen Zeitraum nicht zur Verfügung steht. Des Weiteren steigt mit zunehmender Laufzeit das Risiko eines Ausfalls.

Mittelstandsanleihen

Es war eine unvergleichliche Hochkonjunktur: 2010 ist an der Börse Frankfurt am Main, Düsseldorf, München, Stuttgart und Hamburg ein Börsensegment einzig und allein für Kreditbeanspruchungen von Betrieben ins Leben gerufen worden. Jene Mittelstandsanleihen sind in Relation zu anderweitigen Anleihen eher gering in puncto Volumen. Aufgrund dessen werden diese als **„Minibonds"** bezeichnet.

Zu mittelständischen, sowie kleineren Firmen (KMU) werden ungefähr 90 % sämtlicher Unternehmen Deutschlands gezählt. Diese konnten sich während der Finanzkrise 2007/2008 behaupten – im Unterschied zu den Bankinstituten. Daher waren die einzelnen Unternehmen mehr oder weniger gezwungen, das benötigte Kapital von privaten Aktionären anstelle der Bankgesellschaften auszuborgen.
Aufgrund dieser Begebenheit eröffnete sich für jüngere Unternehmen eine zusätzliche Möglichkeit zur Finanzierung. Vorzüge existieren in diesem Zusammenhang für beide Parteien: dem Firmeninhaber stehen neue Darlehensgeber zur Verfügung, welche keinerlei Mitspracherecht haben. Investoren, welche eine Mittelstandsanleihe herausgeben, profitieren von einem festen Zinssatz, welcher selbst in Zeiten des Niedrigzins beachtliche 10

% und mehr betragen kann. Ein weiterer Vorteil ist das Ausbleiben von Kursschwankungen.

Nachranganleihe - Gut und günstig?

Nachranganleihen wirken aufgrund der immensen Rendite, welche potenziell damit einhergehen könnte, äußerst attraktiv. Gleichzeitig bergen sie eines der größten Risiken. Nachrangige Anleihen sind eine Konstellation der Unternehmensanleihe. Darlehensgeber der Anleihen sind Firmen, welche beabsichtigen, sich Vermögen am Kapitalmarkt "auszuborgen".

Grundsätzlich werden Anleihen wie ein Darlehen an der Börse gehandhabt. Ein Unternehmer emittiert Anleihen, Aktionäre erwerben jene und empfangen hierfür innerhalb einer zuvor erkennbaren Zeitspanne Zinssätze. Des Weiteren könnten Kursgewinne erfolgen, welche einen zusätzlichen Gewinn darstellen würden. Aufgrund des Verleihs von Kapital wird diese Notierung an der Börse auch "**Schuldverschreibung**" genannt. Die Laufzeit ist in der Regel überdurchschnittlich lang – oftmals sogar "endlos", sprich ohne sicheren Endtermin. Der Zinssatz ist hierbei keineswegs festgelegt "**variable Zinsen**". Der Zusatz "Nachrang" bezieht sich auf den Umstand der potenziellen Illiquidität des Emittenten. Infolge einer Zahlungsunfähigkeit muss sich der Besitzer einer Nachranganleihe darüber bewusst sein, dass etliche Kreditoren vorrangig Ansprüche stellen dürfen. Voraussetzung für eine Auszahlung ist jedoch, dass nach all den vorrangigen Ausschüttungen noch hinreichend Kapital zur Verfügung steht. Gleichzeitig stechen Nachranganleihen aufgrund ihres unvergleichlich hohen Risikos hervor. Durch die nachrangige Position der Anleihen besteht die Gefahr, bei einer **potenziellen Illiquidität einen vollständigen Verlust zu erfahren**. Des Weiteren sind nachrangige Anleihen häufig mit aufwendigen Emissionsbedingungen einhergehend. Diese wirken sich in der Regel ungünstig für den Investor aus.

Oft bewahren sich Darlehensgeber von nachrangigen Anleihen das Recht vor, Zinsen zu einem späteren Zeitpunkt heruntersetzen zu können. Dabei werden im Allgemeinen fixe Zinssätze bis zum beginnenden Zeitpunkt der Kündigung festgelegt. Wird diese keinesfalls wahrgenommen, gilt als Nächstes und bis zur Beendigung der Laufzeit ein Sollzins.
Diese Zahlungen werden jedoch lediglich zu einem späteren Zeitpunkt ausgeführt. **Nachrangige Anleihen sind nicht durch den Investor kündbar**. Einzig und allein der Herausgeber des Kredites ist im Besitz des Kündigungsrechts. Angesichts des alleinigen Kündigungsrechts ist es für Investoren nahezu unmöglich, eine Nachranganleihe vor Beendigung der Zeitspanne abzurechnen. Darüber hinaus werden diese erfahrungsgemäß an der Wertpapierbörse lediglich unter Inkaufnahme von Einbußen abgesetzt. Diese Tatsache soll sich nun mittels neuer Kontrollgesetze ändern. Eine genaue Umsetzung, sowie ein Datum sind bislang nicht bekannt.

Ich rate **Anfängern dringlichst davon ab, solch riskante Anleihen in Anspruch zu nehmen!** Sollten Sie sich dennoch für diese Form entscheiden, sind folgende Punkte zu beachten:

➤ Beachten Sie dringend die Zahlungsfähigkeit des Emittenten. Um die Bonität einschätzen zu können, sollten Sie sich mittels des entsprechenden Ratings darüber informieren.

➤ Durch eine ausreichende Risikostreuung lässt sich ein Totalverlust im Falle der Illiquidität des Kreditgebers besser verkraften. Möglicherweise ist es sinnvoll, in einen Fonds anzulegen, jener sich auf nachrangige Anleihen spezialisiert hat. Ein Beispiel hierfür wäre der HANSArenten Spezial (WKN A2AQZV).

➤ Sofern Sie beabsichtigen in einzelne Nachranganleihen zu investieren, sollten Sie sich intensiv mit dem zugehörigen Verkaufsprospekt auseinandersetzen.

➤ Sind die äußerst komplexen Emissionsbedingungen für Sie ausnahmslos verständlich?

➤ Ist die Nachranganleihe an veränderliche Zinsen gebunden?

➤ Erfolgt eine Auszahlung lediglich unter gewissen Bedingungen?

Pfandbriefe - Mortgage Covered Bonds

Pfandbriefe sind eine Form der Anleihe, deren Liquidität auf Immobilien, wie auch Grundstücken beruht. Diese werden von Hypothekenbanken und etlichen öffentlich-rechtlichen Emittenten ausgestellt. Sinn und Zweck liegt darin, Immobilien zu beleihen und anhand der erhaltenen Hypothekenrechte Pfandbriefe auszuhändigen und dem Bund, den Staaten und Kommunen Darlehen zu gestatten.

Die Pfandbriefe beruhen auf Friedrich den Großen (1712 bis 1786). Nach Beendigung des schlesischen Krieges ließ er zur Wiederherstellung des Landes 1769 die "Schlesische Landschaft" gründen, in dem sich sämtliche Besitzer von Ländereien befanden. Hierbei handelt es sich um das erste deutsche Realkreditinstitut.

Angesichts der besonderen Regeln zur Sicherheit sind Pfandbriefe allgemein als enorm risikoarm angesehen. Dies ist unter anderem den herausragenden Regeln zur Sicherheit geschuldet. Diese sind im Hypothekenbankgesetz niedergeschrieben. Hierunter sind ebenfalls das "**Deckungsprinzip**", sowie das "**Kongruenzprinzip**" verankert. Das Deckungsprinzip sichert zu, dass das Gesamtvolumen der im Umlauf vorhandenen Pfandbriefe von einem mindestens identischem Zins gedeckt sein muss. Außerdem darf die Gesamtsumme der sich im Umlauf befindlichen Pfandbriefe das 60-fache des ursprünglich eingebrachten Kapitals der Gesellschaft keinesfalls übersteigen. Die Hypothekenbanken sollten zudem berücksichtigen, dass die Dauer jeglicher ausgegebenen Pfandbriefe und der Kredite sich im Groben gleichen sollten "Laufzeitkongruenz". Sofern eine Hypothekenbank Insolvenz anmeldet, wird den Pfandbrief-Gläubigern als Erstes vor allen weiteren Gläubigern ein vorzeitiges Sonderrecht **"Befriedigungsvorrecht"** zu den im Deckungsregister notierten Basisdaten zugestanden. Eine Illiquidität ergab sich in den letzten 100 Jahren jedoch noch kein einziges Mal. Demnach haben die Emittenten der Pfandbriefe grundsätzlich eine ausgezeichnete Bonität. Eine Sonderform stellen die Jumbo-Pfandbriefe dar. Sie unterliegen gewöhnlichen Darlehensbedingungen. Diese Pfandbriefe müssen ein Volumen von mindestens einer Milliarde Euro haben.

Unternehmensanleihen

Nicht nur der Bund, Bundesländer und Kommunen sind in der Position, Kredite vergeben zu können. Auch Firmen, beispielsweise Industrieunternehmen, sind hierzu berechtigt. Werden Kreditbeanspruchungen von international agierenden Firmen Deutschlands beziehungsweise deren Tochterfirmen in Anspruch genommen, so betitelt man jene als "**Unternehmensanleihen**", "**Corporate Bonds**" oder auch als "**Corporates**". Industrieunternehmen bedienen sich meist an Schuldverschreibungen als Alternative zur herkömmlichen Kreditaufnahme bei den Banken. Bankhäuser setzen in der Regel Sicherheiten voraus, welche bei jüngeren Konzernen meist noch nicht vorhanden sind. Firmenanleihen sind mit einer Zinsfestsetzung samt fixem Termin zur Rückzahlung versehen. Die Kreditbeanspruchung wird des Öfteren nicht unmittelbar von den börsennotierten Organisationen vergeben, sondern anhand eines Finanzunternehmens inmitten des Konzerns. Dieses befindet sich meist im Ausland, wie beispielsweise BMW Finance B.V. Infolgedessen kann sich das Emittentenrisiko erhöhen.

Merke

Anleihen von Firmen offerieren meist eine höhere Gewinnmarge im Vergleich zu Staatsanleihen. Dem steht jedoch das Risiko der Bonität gegenüber. Bedeutet, dass der Emittent die vereinbarten Zahlungen laut Anleiheprospekt keinesfalls in voller Summe verrichten kann. Eine Hilfestellung für den Investor eröffnen die "**Ratings**". Hierbei handelt es sich um eine Abwägung der Wahrscheinlichkeit eines Ausfalles.

Sonderformen Wandelanleihen "Convertible Bonds"

Hierbei handelt es sich um ein durch Aktiengesellschaften emittiertes, verzinstes Handelspapier (Schuldverschreibung). Der Inhaber des Handelspapiers hat das Recht, dieses während der vereinbarten Wandlungsfrist zu einem vorher vorgeschriebenen Verhältnis (Wandlungs- beziehungsweise Umtauschverhältnis) zum Ausgleich des Kursunterschiedes einzutauschen. Alternativ wird die Tilgung der Anleihe zum Ende der Dauer hinfällig. Liegt das Stimmrecht bei der AG und keineswegs bei dem Besitzer, so spricht man von einer "**umgekehrten Wandelanleihe**" (**reverse convertible bond**).

Zur Emission einer Wandelanleihe ist ein Hauptversammlungsbeschluss mit Dreiviertelmehrheit zur Schaffung des bedingten Kapitals (§ 221 AktG) unabdingbar. Den Aktionären steht folglich ein gesetzliches Bezugsrecht zu.

Der Zinssatz einer Wandelanleihe befindet sich meist unterhalb dem Zins des Kapitalmarktes. Aufgrund der Ausgabe junger Handelspapiere erfolgt eine indirekte Erhöhung des Kapitals, welche mit einem Verwässerungseffekt einhergeht. Die Investoren tragen somit ein erhöhtes Risiko. Eine weitere Sonderform stellen die "**Contingent Convertible Bonds (CoCo – Bonds)**" dar. Jene sind Obligationen, die bei Unterschreiten einer gewissen Quote des

Eigenkapitals automatisch in Aktien des Emittenten transformiert werden.

Der Ursprung der CoCo-Bonds ist auf die Finanzkrise 2007/2008 und deren Folge in Bezug auf Kreditanstalten zurückzuführen. Damals waren Besitzer von Anleihen keineswegs vom entstandenen Schaden betroffen, da sie weiterhin ihre Zinswerte erhielten. Angesichts der für Banken geltenden Regeln bezüglich des Eigenkapitals muss jede Bank eine gewisse Eigenkapitalquote vorweisen. Auf diese Weise soll ein künstlich erzeugter Einfluss auf Aktienkurse unterbunden werden.

Vor- und Nachteile

 **Vorteile**

✓ Fester Ertrag an Zinsen bis zum Umtausch. Im Nachhinein Dividendenanspruch

✓ Potenzielle Gewinne bei erhöhtem Wert des Kurses zum Zeitpunkt des Umtauschs

✓ Wachsender Preis einer Aktie führt zu einem Kursanstieg der Wandelobligation

✓ Der Anspruch einer Tilgung zum Nominalwert schützt den Gläubiger in Bezug auf Preisschwankungen. Mit Ausnahme, dass das Entscheidungsrecht bezüglich des Umtauschs bei der AG liegt. Hierbei spricht man von einer "Pflichtwandelanleihe"

Nachteile

✖ Niedrigerer Zinssatz als bei regulären Unternehmensobligationen.

✖ Im Zusammenhang mit Wandelanleihen samt Wandlungspflicht existieren erhebliche Verlustrisiken, sofern der Aktienkurs zum Ende der Dauer gefallen sein sollte.

✖ Das Entscheidungsrecht bezüglich des Umtauschs liegt bei der AG.

✖ Sollte die AG vor der Verwandlung eine künstliche Erhöhung des Kapitals herbeiführen, könnte dies für den Anleger einen erheblichen Verwässerungseffekt nach sich ziehen. Achten Sie stets auf eine entsprechende Schutzklausel in den Anleihebedingungen.

Häufige Anfängerfehler

A uf unseriösen Internetseiten wird der Aktienhandel als einfache Möglichkeit dargestellt, innerhalb kürzester Zeit enorme Summen erwirtschaften zu können. Altmeister André Kostolany brachte es auf den Punkt: „Wenn die Börsenspekulation leicht wäre, gäbe es gewiss keine Bergarbeiter, Monteure und andere schwer arbeitende Personen. Ein jeder würde sein Geld ausschließlich an der Börse verdienen." Wertpapiere können eine wunderbare Geldanlage sein. Sie können im Zuge dessen Ihr Kapital bewahren und Vermögen aufbauen. Allerdings bedarf es hierfür eine Menge an Kenntnis und vorheriger Recherche. Gerne werde ich Ihnen hierbei behilflich sein. Es wäre äußerst ärgerlich, wenn Sie aufgrund vermeidbarer Fehler gleich zu Anbeginn den Spaß am Aktienhandel verlieren würden.

Keinerlei Recherche

Bei jedwedem Kauf eines Fernsehers widmet sich der überwiegende Anteil der Menschen zuvor etliche Tage dem entsprechenden Angebot. Oftmals erwerben selbige Personen Aktien für ein Vielfaches des eigentlichen Grundpreises, ohne sich zuvor auch nur zehn Minuten mit der Aktie auseinandergesetzt zu haben. In erster Linie sollten Chart- und Fundamentaldaten genauestens studiert werden.

Viele angehende Investoren erwerben Aktien auf Rat eines Bekannten hin. Leider ist es heutzutage üblich, dass Personen mit einem sehr geringfügigen Wissensschatz bezüglich der Thematik als "Experten" betitelt werden. Achten Sie stets auf seriöse Quellen!

Langfristigkeit

Auf lange Sicht lässt sich für die Aktienmärkte eine potenzielle Rendite von 9,3 % pro Jahr errechnen. Derartige Gewinnmargen werden allerdings gewiss nicht linear erzielt. Es werden zwischenzeitliche Schwankungen auftreten.

Daher sollten Sie **nur Gelder einsetzen, welche in naher Zukunft keineswegs benötigt werden.** Ersparnisse, welche Sie demgegenüber langfristig anlegen können, werden sich aufgrund der außergewöhnlichen Gewinnperspektive bei einem angemessenen Anlagehorizont selbstständig vermehren.

Kredite

Ein Fehlschritt, welcher leider wiederkehrend begangen wird. Der Dispositionskredit wird ausgeschöpft, eine Hypothek auf das Haus der Familie aufgenommen, nur um das Kapital auf den „100 % sicheren" Tipp zu setzen. Bei einer Missinterpretation ist bei weitem nicht nur der Einsatz weg – die aufgenommenen Rückstände werden weiterhin bestehen bleiben und müssen beglichen werden. Ich kann Sie vor jener Herangehensweise nur inständig warnen. Insbesondere angesichts der Tatsache, dass diverse Banken die Gelegenheit anbieten, erworbenen Derivate als nächstes augenblicklich als Absicherung für das geliehene Kapital zu beanspruchen. Diese Form des Darlehens wird als "Wertpapierkredit" bezeichnet.

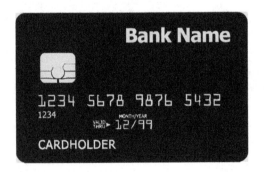

Keine Aufteilung des Risikos

Da an den Aktienmärkten stets unerwartete Ereignisse in Erscheinung treten werden, sollten Sie keinesfalls alles auf eine Karte setzen. Letzten Endes können unvorteilhafte Begebenheiten jeglicher Art einzelne Aktien merklich beeinflussen. Dieses Wagnis kann einfach umgangen werden, indem Sie Ihre Investitionen aufteilen. Der Fachbegriff dazu lautet **Diversifizierung**. Mit einem Index-Investment, beispielsweise dem BCDI-Zertifikat, ist es möglich, mit einem einzigen Wertpapier Ihre Anlagen zu splitten. Darüber hinaus kann dem Wagnis eines plötzlichen Crashs mit einer einfachen Strategie entgegengewirkt werden. Bauen Sie Schrittweise Ihre Positionen an der Aktienbörse auf. Kaufen Sie beispielsweise alle vier Monate Handelspapiere, anstelle eines monatlichen Sparplans.

Ungenügende Kenntnis

Die Aktienmärkte bieten eine vielfältige Auswahlmöglichkeit mit einzigartigen Aussichten auf Gewinn. Egal ob mit CFDs (spekulative Derivate), ETFs, Optionsscheinen oder ähnlichem getradet wird - potenzielle Nachteile können immer auftreten. Personen, jene mit spekulativen Aktien handeln, sollten sich darüber im Klaren sein, dass auch ein vollständiger Verlust möglich ist. Es könnten jedoch weitaus schlimmere Folgen resultieren:

Einige CFD's sind mit enormen Nachschusspflichten einhergehend. Demnach verlieren Anleger den vollständigen Einsatz – und sind obendrein mit Zuzahlungen konfrontiert. Derartige Wertpapiere sollten Sie unter keinen Umständen kaufen, sofern Sie deren Umfang nicht bis ins kleinste Detail verstanden haben!

Aktiendepot eröffnen

F ür den Vermögensaufbau an der Börse wird in erster Linie ein Aktiendepot benötigt. Ein Aktiendepot ist im Prinzip eine Art Verwaltungszentrale, an jener Ihre Derivate aufgeführt werden. Die allermeisten Bankhäuser bieten Depots für Wertpapiere an. In puncto Aufwendung und Dienstleistung existieren jedoch enorme Unterschiede. Der erste Schritt zu einer gelungenen Kapitalanlage ist aus diesem Grund ein preiswertes Wertpapierdepot.

Bankfiliale oder Onlinebroker?

Sofern Sie Zahlungskonto, Kreditkarte und Depot vereint bei einem Anbieter führen möchten, eignet sich ein Depot bei einer Direktbank. Sind Sie bereits im Besitz eines Kontos bei einer Direktbank, lässt sich das Depot hierfür meist unmittelbar freischalten. Das ist praktisch. Die Depotführung bei Direktbanken ist generell kostenintensiver als die etwas aufwändigere Führung mittels eines Onlinebrokers. Bei den empfohlenen **Anbietern im Laufe dieses Kapitels ist die Depotführung kostenlos** und die Ordergebühren angemessen. Finanziell gesehen erhalten Sie das beste Angebot, indem Sie Ihr Depot bei einem auf Aktienhandel spezialisierten Anbieter eröffnen – einem sogenannten **Onlinebroker**. Hierbei zahlen Sie stets den gleichen (geringen) Betrag. Die Höhe des eingebrachten Kapitals ist irrelevant.

" Ein Online-Depot ist günstiger als ein Depot in jeglicher Bankfiliale! "

Gewiss nicht jeder Verbraucher beabsichtigt zu einem ausschließlich online basierenden Anbieter zu wechseln. Sofern Sie Ihre Bankgeschäfte möglichst in der Geschäftsstelle vor Ort tätigen möchten, sollten Sie Ihr Konto bei einer der lokalen Bankfilialen zunächst fortführen. Dennoch sollten auch hier überzogene Depotgebühren keinesfalls akzeptiert werden. Fragen Sie aufgrund dessen bei Ihrem Bankberater nach dem kostengünstigsten Modell eines Depots. Nahezu immer bewirkt der Übergang hin zum Online-Banking der Direktbank eine Einsparung hinsichtlich der Depotgebühren und Orderkosten - Jahr für Jahr.

Woran erkenne ich ein gutes Depot?

Ein verbraucherfreundliches Depot sollte günstig, bestenfalls kostenlos geführt werden können. Meines Erachtens sollten lediglich zusätzliche Dienstleistungen honoriert werden, da bereits einige Anbieter selbige Leistung kostenlos zur Verfügung stellen. Zudem sollten Ordergebühren zu einem moderaten Preis angeboten werden. Eine nicht zu vernachlässigende Kostenstelle, welche insbesondere bei einem Sparplan enorme (vermeidbare) Gebühren verursachen kann. Aber auch hohe, einmalige Ausführungsgebühren sind zum Teil immens in Relation zu anderen Anbietern. Es stehen jedoch gewiss nicht jedem Anleger unmittelbar horrende Summen zur Verfügung. Sie sollten demnach auch die Gelegenheit haben, in kleinen, monatlichen Raten in ETFs anlegen zu können. Des Weiteren sollte sich die Benutzeroberfläche des Depots an Privatanleger richten. Diese sollte einfach zugänglich und verständlich aufgebaut sein. Des Weiteren sollte ein seriöser Dienstleister mittels transparenter Offenlegung sämtlicher Kostenpunkte, sowie deren Voraussetzungen überzeugen. Trading-Plattformen, die Sparer zum Spekulieren aufrufen, werden in diesem Ratgeber gewiss nicht weiter fokussiert.

Welche Depots sind empfehlenswert?

Für meine Empfehlung ist es Grundvoraussetzung, dass die Depotführung kostenlos ist. Somit entfallen in dieser Auflistung etliche namhaften Anbieter. Des Weiteren sind einige Anbieter prinzipiell gut von den Konditionen her, jedoch ist das Interface eher an professionelle Trader gerichtet. Folglich sind diese für den Beginn eher überfordernd und ungeeignet. Sollten Sie sich für ein Kombinationsangebot aus Depot, Kreditkarte und Girokonto interessieren, so erscheinen vier Anbieter interessant:

DKB

Die DKB hat eine sehr übersichtliche Struktur der Kosten. Für den Fall, dass Sie bis zu 10.000 Euro per Einmalzahlung anlegen, fallen generell zehn Euro Gebühren an. Sollten Sie mehr als 10.000 Euro investieren, wird eine Gebühr von pauschal 25 Euro fällig. Sofern Sie jeden Monat in Raten ansparen, werden regulär 1,50 Euro berechnet, unabhängig von der Summe des Sparplanes. Bei Sparraten im höheren Bereich profitieren Sie folglich von vergleichsweise niedrigen Gebühren.

✓ 10 Euro reguläre Gebühren für Order bis 10.000 Euro, darüber 25 Euro
✓ Sparplan 1,50 Euro, unabhängig von der Sparrate
✖ nur in Kombination mit Girokonto und Kreditkarte ohne Grundgebühr

Comdirect

Sofern das Depot zusammen mit der Kreditkarte oder einem monatlichen Sparplan in Anspruch genommen wird, ist die Nutzung kostenfrei. Die Ordergebühr ist in Relation zur eingebrachten Summe, maximal werden jedoch 59,90 Euro berechnet.

Eine Grundgebühr von knapp 5,00 Euro ist generell zu zahlen. Für eine monatliche Sparrate von 100 Euro im ETF - Sparplan fallen regulär Gebühren von 1,50 Euro an.

✓ reguläre Gebühren von 4,90 Euro plus 0,25 Prozent des Orderbetrags, minimal 9,90 Euro, maximal 59,90 Euro
✓ Sparplan für 1,50 Euro Gebühr, mehr als 100 kostenlose Sparpläne
✓ Depot kostenlos mit Girokonto oder Wertpapier-Sparplan, sonst 1,95 Euro pro Monat nach drei Jahren
✖ nur in Kombination mit Girokonto und Kreditkarte ohne Grundgebühr

Quelle: Anbieter, Stand 19.03.2020

Consorsbank

Die Consorsbank unterscheidet sich dahingehend, dass **etliche ETF - Sparpläne kostenlos geführt werden können**. Für eine monatliche Sparrate von 100 Euro im ETF - Sparplan fallen regulär Gebühren von 1,50 Euro an.

Bei einzelnen Aktien wird eine Grundgebühr von ungefähr 5,00 Euro fällig. Die Ordergebühr ist in Relation zur eingebrachten Summe, maximal werden jedoch 69,00 Euro berechnet.

✓ reguläre Gebühren von 4,95 Euro plus 0,25 Prozent des Orderbetrags, minimal 9,95 Euro, maximal 69 Euro

✓ Sparplan für 1,50 Euro, **viele kostenlose Sparpläne**

✖ nur in Kombination mit Girokonto und Kreditkarte ohne Grundgebühr

---

Quelle: Anbieter, Stand 19.03.2020

(ING)

Bis Anfang 2020 hätte ich die ING noch uneingeschränkt weiterempfohlen. Seit März 2020 werden allerdings Gebühren für die Nutzung berechnet, sofern dem Konto nicht mindesten 700 Euro je Monat zugeführt werden.

Generell existiert eine große Auswahl an verschiedenen Fonds und über 700 ETF - Sparpläne im Angebot. Zins- und Dividendenzahlungen, Orderänderungen und Stornierungen, sowie das Einrichten, Ändern und Streichen von Limits sind bei dieser Bank generell kostenfrei.

✖ nur bei Eingang von mindestens 700 Euro kostenfrei
✓ Sparplan ab 1 Euro
✓ Große Auswahl an ETFs
✓ Änderungen von Limits und Ordern kostenfrei

Quelle: Anbieter, Stand 19.03.2020

Die Top-Onlinebroker für ETFs

Deutlich kostengünstigster können Sie ETFs erwerben, sofern Sie Ihr Depot nicht bei einer Direktbank eröffnen. Es existieren diverse Anbieter, welche auf den Handel mit Aktien spezialisierten sind, sogenannte Broker. Ganz gleich welche Summe Sie anlegen möchten - Sie zahlen **stets denselben, festgesetzten Preis**.

Smartbroker

Für gerade einmal vier Euro ist es möglich, im einfachen Direkthandel ETFs zu kaufen und verkaufen. Sparpläne sind ab 25 Euro realisierbar. Raten bis zu 400 Euro werden mit 0,80 Euro pro Ausführung berechnet. Seit Anfang Mai 2020 können ETFs über die Börse Lang & Schwarz für bereits einen Euro erworben beziehungsweise veräußert werden. Sie **müssen allerdings mindestens 500 Euro investieren**. Ende des Jahres 2019 ist Smartbroker als neuer Dienstleister in Erscheinung getreten. Hinter Smartbroker steckt das Unternehmen "Finanzdatenportal Wallstreet Online". Der Börsenhändler bietet ein umfangreiches Angebot - Käufer können zahlreiche ETF-Marken und anderweitige Handelspapiere an vielen Börsenplätzen erwerben und verkaufen. Die Ausführungskosten sind etwas preiswerter als jene der Onvista Bank, welche ein ähnliches Angebot offeriert. Auch bei anderweitigen Dienstleistungen ist Smartbroker hervorragend aufgestellt: Depots für Kinder – gegenwärtig noch auf schriftlichen Antrag hin – sind beispielsweise eine neuartige Einbringung. Sie können selbst als Einwohner eines anderen EU-Staats ein Konto eröffnen. Demnächst sollen ebenfalls gemeinschaftliche Depots möglich sein. Smartbroker ist gewiss keine Bank im traditionellen Sinne. Vielmehr dient der Anbieter als Informationsträger.

Das Konto zur Verrechnung, sowie die Aufbewahrung Ihrer Fondsanteile, liegen bei der Großbank DAB. Diese ist inzwischen Teil des französischen Unternehmens BNP Paribas. Smartbroker verlangt eine Provision von 0,5 Prozent pro Jahr auf Kapital, jenes auf dem Verrechnungskonto verweilt. Die Abgabe wird allerdings erst dann erhoben, sofern Ihr "liegendes" Geld mehr als 15 Prozent des Gesamtdepotwerts beträgt.

✓ niedrige Gebühren: Orders ab 0 bzw. 1 Euro (nur Gettex/ L&S), sonst ab 4 Euro, Anlagesumme mind. 500 Euro
✓ 0,80 Euro Gebühr für Sparplanraten bis 400 Euro
✓ knapp 300 Sparpläne **befristet kostenlos**
✓ Konto und Wertpapierverwahrung liegen bei der DAB BNP Paribas

---

Quelle: Anbieter, Stand 08.07.2020

Onvista Bank

Im Vergleich zu neueren Anbietern handelt es sich bei der Onvista Bank um einen etablierten Broker. Allerdings sind die Preise deutlich höher als bei Smartbroker. ETF-Käufe und Verkäufe kosten sieben Euro inklusive aller Gebühren. Bei Sparplänen ist der Mindesteinsatz 50 Euro und die Kosten pro Ausführung liegen kontinuierlich bei einem Euro.

Die Onvista Bank wurde 2009 gegründet. Seit 2017 gehört sie zur Comdirect, wobei sie ihren individuellen Namen beibehalten hat und darüber hinaus eigene Konditionen vorgibt. Nach Angaben der Bank sollen Käufer das Depot nach allerspätestens einer Woche anwenden können, sofern alle notwendigen Unterlagen vollständig vorliegen. Bei der Onvista Bank können Sie **Sparpläne nicht unkompliziert anpassen**. Eine Anpassung der Ratenhöhe ist Beispielsweise nicht ohne Weiteres möglich. Um eine Veränderung umzusetzen, müssen Sie den gesamten Sparplan löschen und einen neuen anlegen. Dies mag zunächst etwas umständlich klingen, ist jedoch gewiss kein großer Aufwand. Zumal sich all jenes kostenlos ereignet. Im Endeffekt bedeutet dies lediglich wenige Mausklicks mehr. Sparer, welche Einwohner anderer EU-Staaten sind, können bei der Onvista Bank kein Depot eröffnen. Im Zuge des Derivatehandels werden von der Onvista Bank keinerlei TANs abgefragt. Ersatzweise sollten Sie ein bestimmtes Girokonto als Verrechnungskonto angeben. Ausschließlich auf diesem Wege kann das Geld für Käufe abgebucht und der Erlös aus Verkäufen gutgeschrieben werden. Dieses Bankkonto lässt sich nur offline (mittels schriftlichem Antrag) ändern. Seit dem 1. Januar 2020 erhebt die Onvista Bank eine Gebühr von 0,5 Prozent pro Jahr, sofern mehr als 250.000 Euro auf dem Verrechnungskonto gehalten werden.

✓ niedrige Gebühren: eine Order im Direkthandel kostet 7 Euro

✘ 0,5 Prozent Gebühr pro Jahr ab 250.000 Euro

✘ Sparpläne umständlich anpassbar

✓ 1 Euro Fixgebühr für Sparplanraten

✓ mehr als 150 Sparpläne

✓ Konto und Wertpapierverwahrung liegen bei der Onvista Bank

Quelle: Anbieter, Stand 12.07.2020

Trade Republic

Bei Trade Republic handelt es sich um einen der günstigsten Anbieter, dessen Möglichkeiten im gleichen Atemzug beschränkt sind. Bei dem jungen Unternehmen aus Berlin kosten Erwerb und Veräußerung von ETFs, unabhängig vom investierten Einsatz, pauschal einen Euro. Sparpläne sind ab 25 Euro ausführbar und beständig kostenlos. Dieses **Angebot ist laut aktuellem Stand (Februar 2020) in dieser Form außer Konkurrenz.** Allerdings existieren einige Beschränkungen bei dem Depot, welche potenziellen Käufern vorher bekannt sein sollten. Es können ausschließlich ETFs der Marke iShares gehandelt werden. Die Abwicklung erfolgt ausschließlich durch eine App, welche **zu einigen Aktien vergleichsweise wenig Auskunft** liefert. Gründer des FinTech - Unternehmens Trade Republic ist Christian Hecker. Der Anbieter existiert seit Mitte 2019 am Markt, welcher insbesondere aufgrund der extrem niedrigen Preise hervorsticht. Trade Republic offeriert alle Orders zu einem Preis von einem Euro. Vorbild für dieses Preismodell ist der US-amerikanische Onlinebroker Robinhood.

Ein solches Geschäftsmodell kann sich tragen, indem der Service auf das Wesentliche eingeschränkt wird. Trade Republic arbeitet aufgrund dessen mit einer reinen App-Lösung. Das Unternehmen kooperiert darüber hinaus einzig und allein mit dem ETF-Anbieter iShares und bietet als einzigen Handelsplatz die Lang & Schwarz Exchange Aktienbörse.

Die Lang & Schwarz Exchange ist eine sogenannte "**Market-Maker-Börse**". Der Onlinebroker erhält eine Zahlung, sobald Aktienkäufe beziehungsweise Verkäufe platziert werden. Ein Kommunikationsträger "**Market Maker**" nimmt die Aufträge an und setzt diese für den Börsenhändler um. Trade Republic verdient sein Kapital, indem alle Aufträge an die Lang & Schwarz Exchange weitergereicht werden.

Unterm Strich handelt es sich jedoch auch um eine Aktienbörse, wodurch jegliche Geschäfte streng reguliert sind. So muss der Handelsplatz sicherstellen, dass durchgehend mindestens gleichwertige Kauf- und Verkaufspreise für Aktien gelten, wie an einer anerkannten Referenzbörse. In diesem Fall gilt als Referenzwert die elektronische Handelsplattform Xetra in Frankfurt. Sollten während der Xetra-Öffnungszeiten (wochentags zwischen 9 und 17.30 Uhr) ein zu teurer Preis angegeben sein, so könnte dies entsprechend angezeigt werden.

✓ extrem niedrige Gebühren: Kauf und Verkauf von ETFs für 1 Euro
✓ kostenlose ETF-Sparpläne
✖ ausschließlich ETFs der Marke iShares handelbar
✓ Depot bei Trade Republic, Verrechnungskonto bei der Solaris Bank, Verwahrung der ETF-Anteile bei der HSBC

Quelle: Anbieter, Stand 28.02.2020

Services im Überblick

****

	Smart-broker	Onvista Bank	Trade Republic
Handels-plätze	zahlreiche deutsche Börsen-plätze und Direkthänd-ler	zahlreiche deutsche Börsen-plätze und Direkthänd-ler	Lang & Schwarz Exchange
handelbare Wert-papiere	Aktien, Fonds, ETFs, Anleihen, Zertifikate, Options-scheine	Aktien, CFD, Zertifikate, Fonds, ETFs, Optionen, Aktienanlei-hen	Aktien, ETFs, Options-scheine, Knock-Out Faktorzer-tifikate
ETF-Marken Sparplan	Amundi, Comstage, Xtrackers, iShares, etc.	Comstage, iShares, Vanguard, Wisdomtree u.a.	iShares
Konto und Verwahr-ung von ETF-Anteilen	DAB BNP Paribas	Onvista Bank	Solaris Bank,

Art der Depot-eröffnung	PostIdent-V erfahren: VideoIdent oder FilialIdent	Video-Legitimation und Post-Ident	Videolegitimation
Dauer der Depot-eröffnung	7 Tage	7 Tage	wenige Minuten
Desktop oder App?	Webtrading	Webtrading	App
Depot für EU-Bürger	ja	Deutschland und Österreich	ja
Sparplan online abänderbar	ja	nein	ja
Kinder-depot	ja	nein	nein
Vereintes Depot	ja	ja	nein
Depot-übertrag	alle Arten	alle Arten	iShares-ETF

Quelle: Anbieter, Stand 14.07.2020

Wie eröffne ich ein Depot?

Haben Sie sich für einen Anbieter entschieden, erfolgt als nächster Schritt die Eröffnung des Depots. Sofern Sie bereits im Besitz eines Zahlungskontos bei einer Direktbank sind, sollten Sie in der Regel gewiss nicht erneut Ihre Identität unter Beweis stellen müssen. Als Neukunde werden Sie um die Abgabe einiger Daten durchaus nicht herumkommen.

Die Depotbank bittet Sie um personenbezogene Daten. Zusätzlich zu Anschrift und Bankverbindung wird selbst das Einkommen erfragt. Die seit 2018 geltende EU-Richtlinie Mifid-II verlangt darüber hinaus, dass jeder neue Kunde seine bisherigen Praxiserfahrungen mit Wertpapieren auf einer Skala einträgt. Sollten Sie hinterher Aktien erwerben, die Ihren hinterlegten Wissensstand überschreiten, würde der Anbieter eine Vorwarnung aussprechen. Bei einer Neueröffnung ist ein Identitätsnachweis notwendig. Die Mehrzahl der Bankgesellschaften bedienen sich nach wie vor am Postident-Verfahren. Der Depotanbieter prüft die Unterlagen und schaltet erst nach erfolgreicher Bestätigung das Depot frei. Dieses steht in der Regel nach etwa 14 Tagen zur vollständigen Verfügung. Unter Umständen kann die Wartezeit auch etwas länger ausfallen.

Orderausführung

uf jedwede Konstellation des Marktes kann zur richtigen Zeit mit entsprechenden Instrumenten reagiert werden. Hierfür sind genaueste Kenntnis der Anforderungen, sowie die Funktionsweise verschiedener Orderarten von essenzieller Signifikanz. Die Handelsabsicht wird durch die Erteilung einer sogenannten "**Order**" verbindlich zum Ausdruck gebracht. Besonders Anfänger können an diesem Punkt bei der Vielfalt an Orderarten unmittelbar den Überblick verlieren.

Grundsätzliche Struktur

Eines der wichtigsten Anliegen eines jeden Kommissionshauses ist es, Transaktionen für den Kunden so einfach und übersichtlich wie möglich anbieten zu können. Hierfür bedarf es einer unmissverständlichen Angabe der bestimmten Orderspezifikationen. Im Anschluss bedarf es vorerst keinerlei weiterer Handlung seitens des Käufers. Für Geschäftsabwicklungen werden folgende Informationen benötigt:

➢ Die Angabe, ob es sich um einen Erwerb beziehungsweise Verkauf handelt

➢ Exakte Stückzahl der geforderten Aktien (Ordervolumen)

➢ Konkrete Betitelung der Aktie beziehungsweise die zugeordnete **Wertpapierkennnummer "ISIN"**. Wird das entsprechende Wertpapier simultan an verschiedenen Börsen notiert, so ist darüber hinaus der Ausführungsplatz (Börsenplatz) anzugeben, an jenem der Handel erfolgen soll

➢ Spezifische Anordnungen in Hinsicht auf Handels- und Ausführungsbeschränkungen, den sogenannten Ausführungsklauseln. Attribute der Order, welche den Ordertyp bestimmen. Beispielsweise "market order"

➢ Gültigkeitsdauer der Order

Grundsätzlich wird Ihre Bank beziehungsweise Börsenhändler jeden deutlich formulierten Börsenauftrag akzeptieren. Bei Direktbanken wird die Order meist vom Kundenberater per Telefonanruf wiederholt, wodurch Ihnen die Gelegenheit eingeräumt wird, die Order gegebenenfalls zu korrigieren. Ein aufmerksames Hinhören wird honoriert, da Fehler aufgrund von **Verständigungsschwierigkeiten bei der Ordererteilung generell dem Endkunden**

angelastet werden. Komplexe Orderarten sollten Sie zuvor mit Ihrem Kundenberater besprechen.

Bei der Auftragsabwicklung über Onlinebroker ist es daher essenziell, sich vor Erteilung der Order eingehend in die Anwendbarkeit und Verfahrensweise der entsprechenden Ordermodule der Software einzuarbeiten.

Orderarten

Im Augenblick der Auftragserteilung ist der Gleichgewichtspreis noch nicht bekannt. Folglich beruht jede Orderart auf einer definierten Annahme des Traders. Hierfür sind in erster Linie, je nach Orderart, unterschiedliche Angaben erforderlich. Die Bank- und Brokergebühren, welche Aktionären für den Erwerb angerechnet werden, sind für sämtliche Orderarten üblicherweise identisch. Sie beziehen sich einzig und allein auf einen Kauf- beziehungsweise Verkauf. Des Weiteren sollte beachtet werden, dass bei Börsengeschäften meist Pauschal- beziehungsweise Mindestgebühren berechnet werden. Darüber hinaus werden Teilausführungen von einigen Anbietern keinesfalls gesondert in Rechnung gestellt.

Bei einer Teilausführung lässt sich eine erteilte Order aufgrund der aktuellen Marktsituation lediglich etappenweise ausführen. Dieser Umstand ist meist bei geringem Transaktionsvolumen, sowie einer zu geringen Marktliquidität gegeben. Die Börse beinhaltet prinzipiell drei Order-Kategorien: **preislich unlimitierte**

Orders, **preislich limitierte** Orders und **zeitlich limitierte** Orders. Diese lassen sich wiederum in vier elementare Orderarten aufgliedern: **Marktorders, Limitorders, Stopp-Orders** und **alternative Orders**. Auf die bedeutendsten Orderarten wird dabei in den anschließenden Abschnitten detailliert eingegangen. Besondere Achtsamkeit wird abverlangt, sofern Tagesorder für Börsenplätze in Auftrag gegeben werden, welche 24 Stunden geöffnet sind.

Limitierte Order "limit order"

Käufer von Aktien wünschen zu möglichst kostengünstigen Kursen abzuschließen. Verkäufer von Aktien erstreben einen Abschluss zu möglichst hohen Konditionen. Ein Instrument hierfür ist die Limit-Order.

Ein Marktteilnehmer zeichnet die Order mit einem Geldbetrag aus. Dieser bestimmt den maximalen Betrag, zu jenem der Käufer erwerben würde. Bei dieser Konstellation handelt es sich um eine **Kauf-Limitorder "buy limit order"**. Benennt ein Aktionär einen Betrag, unterhalb dessen er keineswegs verkaufen wird, so ist dies eine **Verkaufs-Limitorder "sell limit order"**.

Eine Limitorder teilt dem beauftragten Anbieter nachdrücklich einen Mindest- beziehungsweise Höchstkurs mit - das Limit. Auf diese Weise stellt der Ordernde sicher, dass der von ihm erwünschte Preis zu keinem Zeitpunkt zu seiner Benachteiligung an der Börse gehandelt werden kann.

Beispiel

➤ Ein Aktionär erteilt seinem Anbieter den Auftrag, eine Limitorder für 600 XYZ-Wertpapiere zu einem Limitkurs von 60 € je Stück zu erwerben. Demzufolge darf für den Erwerb kein höherer Betrag als 60 € je Aktie ausgegeben werden. Jegliche Marktpreise von 60 € und weniger sind für den Aktionär hinnehmbar und werden gegebenenfalls auch zu entsprechenden Marktpreisen umgehend ausgeführt. Preise über dem Limitpreis von 60 € bleiben derweil unausgeführt in den Orderbüchern. Die geschieht, bis der Kurs besagter Aktie 60 € oder weniger beträgt.

➤ Ein Aktionär erteilt eine Limitorder, 600 XYZ-Wertpapiere zu 40 € je Aktie zu veräußern. Hiermit gibt er unmissverständlich an, keinen geringeren Betrag als 40 € je Wertpapier zu akzeptieren. Sollte der Kurs unterhalb von 40 € verharren, verweilt die Verkaufs-Limitorder unausgeführt in den Orderbüchern. Ein Abschluss wird somit nicht zustande kommen. Wird das Handelspapier zu 40 € beziehungsweise zu höheren Preiskonstellationen gehandelt, so erfolgt automatisch ein Abschluss zum herrschenden Kurs.

Bei der Positionierung einer Limitorder ist das Verständnis, wie Limitkurse in Relation zum derzeitigen Börsenkurs zu setzen sind, von immenser Aussagekraft für eine durchdachte Nutzung.

" **Limitkurse einer Kauf-Limitorder werden unterhalb des derzeitigen Marktpreises gelegt. Limitkurse einer Verkaufs-Limitorder werden über dem derzeitigen Preis des Marktes gehandelt.** "

Bei Verteilung einer Limitorder muss der Zusatz "Limit" nicht ausdrücklich angegeben werden. Bereits durch die Angabe eines klar definierten Preises wird eine Order automatisch als Limitorder gekennzeichnet.

Beispiel

"Kaufe 200 XYZ-Aktien zu je € 30"

Mit Erwähnung der Preisziffer "30" ist eine Limitorder resultiert.

Eine Limitorder ist stets mit einem Risiko behaftet. Dies ist der Ungewissheit geschuldet, ob der Anleger auch tatsächlich zum gewünschten Kurs sein Handelsziel erreichen wird. Der Ursprung des Ausführungsrisikos ist dahingehend zu verstehen, dass eine Limitorder nur ausgeführt werden kann, sofern das gesetzte Limit auch tatsächlich erreicht beziehungsweise durchstoßen wurde. Das alleinige Erreichen des gesetzten Limitkurses durch den Marktpreis wird dem Anleger in aller Regel **keine Gewährleistung auf Ausführung seiner Order** "a fill" zusprechen. In der Realität erzielt der Marktpreis häufig diverse Male nacheinander den gesetzten Limitkurs, ohne dass in diesem Fall eine Orderausführung vollzogen wird **"touched unable"**. Limitorders sind allgemein dafür bekannt, im Handel eine der **niedrigsten Prioritäten aller Orderarten zu haben**. Bedeutet, diesen wird vom Broker erst Beachtung geschenkt, nachdem sämtliche noch ausstehenden Markt-, Stopp- und MIT-Orders zuvor genauestens begutachtet wurden. In den allermeisten Fällen kann ein Anleger erst dann mit einer Vollziehung rechnen, sobald die Börse den Limitkurs überschreiten (bei Verkaufs-Limitorders) beziehungsweise unterschreiten (bei Kauf-Limitorders) konnte.

Die komplette Vollziehung einer Kauf-Limitorder anhand eines Handelsumfangs von beispielsweise **400 XYZ - Wertpapieren könnte daher zu verschiedenen Zeiten in verschiedener Anzahl und somit meistens zu verschiedenen Kursen geschehen**.
Sollten Sie dennoch eine Limitorder erteilen, so ist der Sachverhalt differenziert zu betrachten: Ist es dem Börsenhändler bis Handelsschluss keineswegs möglich, die benannte Limitorder zu den gesetzten Konditionen durchzuführen, konvertiert sich selbige innerhalb der letzten Handelssekunden automatisiert in

eine Marktorder. Sie wird dementsprechend zum aktuellen Börsenkurs ausgeführt werden. Erwähnt ein Investor bei der Auftragserteilung keinerlei Angaben zur Zeitspanne einer Limitorder, so erstreckt sich ihre Validität prinzipiell auf den gesamten Zeitraum des Handels. Eine Limitorder erlischt, sofern diese ausgeführt werden konnte, der Zeitraum der Gültigkeit überschritten wurde, oder diese durch den Investor vor Ablauf der Ausführung explizit widerrufen wurde.

Generell sollte stets ein Gebot angesetzt werden, welches der Preisunter- beziehungsweise Preisobergrenze des Wertpapierhändlers für die infrage kommende Aktie widerspiegelt. Wird der Limitkurs hingegen zu hoch beziehungsweise zu niedrig gesetzt, besteht die Gefahr, keinerlei Gewinn zu erzielen oder unverrichteter Dinge zu verweilen. Zu beantworten ist die Frage der Kalkulation somit lediglich im bestimmten Einzelfall. Der Häufigkeit nach werden Limitorders bevorzugt eingesetzt, um Handelspapiere zu erwerben.

> **Fazit**
>
> Eine Limitorder kann als eine Maßnahme zur
> Herabsetzung der Eintrittswahrscheinlichkeit
> überraschender, unerwünschter Ausführungskurse
> (Preisrisiko) betrachtet werden. Im Kontrast zu einer
> Marktorder könnte sich ein Anleger bei Vergabe
> einer Limitorder nicht darauf verlassen, dass seine
> Order tatsächlich um den von ihm erhofften Kurs
> ausgeführt wird. Er läuft somit Gefahr, leer
> auszugehen beziehungsweise auf seinen Beständen
> sitzen zu bleiben. Besteht das wichtigste Bestreben
> des Investors dagegen in einer sofortigen
> Orderausführung, so ist grundsätzlich einer
> Market-Order der Vorzug einzuräumen.

Marktorder "market order" - preislich unlimitiert

Die Marktorder **"market order"** repräsentiert jene Art
von Order, welche in der Terminmarktpraxis zu den
wertvollsten zählt. Die Marktorder wird unlimitiert zum
gegenwärtigen Marktpreis ausgeführt. Da der
Ausführungskurs zum Zeitpunkt der Ordererteilung
noch nicht bekannt ist, birgt diese Variation ein
gewisses Risiko. Dieses hält sich bei vielen Anbietern
jedoch in Grenzen. Aufgrund einer Klausel dürfen
aufeinanderfolgende Kurse nur innerhalb einer

gewissen Abweichung, beispielsweise 6 Prozent, gestellt werden. Somit sind exorbitante Abweichungen ausgeschlossen. Diesbezüglich sollten Sie sich vorab bei entsprechendem Anbieter informieren. Grundsätzlich sieht eine Marktorder wie folgt aus:

➤ "Sell 2 November09 Gold COMEX, at the market". Diese Konstellation stellt eine klassische Verkaufs-Marktorder dar. Auf diese Weise wird die Anweisung erteilt, einen November 2009 Gold-Futures an der Terminbörse COMEX in New York bestmöglich zu veräußern.

➤ "Buy 2 November09 Gold COMEX, at the market". Hierbei handelt es sich um eine Kauf-Marktorder. Es wurde der Auftrag erteilt, ein November 2009 Gold-Futures an der entsprechend ausgewiesenen Terminbörse zu den besten Konditionen zu erwerben. Marktorders umfassen keinerlei Angaben der Kosten. Folglich sind diese **generell kostenmäßig unlimitierte Orders**. Marktorders werden von den Börsen ausschließlich zu deren Handelszeiten angenommen. Sollten diese zu einem Zeitpunkt außerhalb der Handelszeiten in Auftrag gegeben werden, so ist die Order automatisch zurückgewiesen.

> **Behutsamkeit ist angesagt - einmal in Auftrag gegeben können "market orders" keinesfalls mehr rückgängig gemacht werden.** Dieser Umstand rührt daher, dass eine Marktorder augenblicklich an der Aktienbörse ausgeführt wird.

Eine Marktorder erteilt dem Börsenhändler den Auftrag, eine gewünschte Quantität an Wertpapieren für den Aktionär umzusetzen. Dies soll mit höchster Priorität und gleichzeitig so rentabel wie realisierbar geschehen. Im Falle von Kauf-Marktorders wäre dies der im Markt niedrigste Preis. Marktorders werden prinzipiell für alle Formen von Terminkontrakten und Optionen angenommen. Jede Marktorder ist an die diesbezüglich zuständige Terminbörse weiterzureichen. Eine unverzügliche Vollziehung mit dem Brokerhaus als gegnerische Partei ist jedoch generell verboten.

Grundsätzlich hat eine Marktorder oberste Priorität. Lässt die derzeitige Marktsituation die Ausführung einer umfänglicheren Marktorder nicht zu, lässt sich dies durch zahlreiche Teilausführungen umgehen. Dieser Umstand könnte in einzelnen Fällen ohne weiteres zu unterschiedlichen, teils unerwünschten Ausführungskursen führen. Mit Vergabe einer Marktorder geht der Anleger prinzipiell keinerlei Risiko bezüglich der Ausführung ein. Der außergewöhnliche Benefit einer "market order" rührt daher, dass der Auftragserteiler ausnahmslos mit einer Orderausführung "a fill" rechnen kann. Suboptimal bei

Nutzung einer "market order" ist für ihn jedoch die Gegebenheit, dass aufgrund fehlender Limitierung des Preises Kursschwankungen zwangsläufig hingenommen werden müssen. Dieser Umstand wird auch als **"slippage-effekt"**, **"execution-risk"** bezeichnet. Hierbei ist zu beachten, dass der Investor bis zum Erhalt einer bindenden Ausführungsbestätigung durch seinen Börsenhändler über die konkrete Preishöhe im Ungewissen bleibt. **Ausnahmen bestehen jedoch an der Terminbörse Eurex und der CME Group.** Hier werden zum Schutze vor negativen Kurssprüngen feste, maximal ausführbare Preisspannen für Marktorders **"market order matching range"**, **"protection range"** bereits durch die Börsenverordnung vorgegeben. Aufgrund dieser Begebenheit handelt es sich aber nun keinesfalls mehr um eine Marktorder im eigentlichen Sinne. Hierbei wird von einer **"market with protection order"** gesprochen.

Der Marktorder erteilende Investor erwartet folglich, dass der aktuell gültige Marktpreis im Augenblick der Orderausführung noch besteht, obwohl zusätzliches Angebot beziehungsweise weitere Nachfrage den Kurs jederzeit zu seinen Ungunsten verändern könnte. Angesichts mangelnder Kenntnis der exakten Auftragslage im Zeitpunkt des **"matching"** gelingt die verlässliche Orderausführung also lediglich einhergehend mit der Unsicherheit bezüglich des Kurses. Generell gilt der Leitsatz:

> Je breiter und liquider ein Markt aufgestellt ist, umso passender eignet sich der momentane Gleichgewichtspreis als Hinweis. Dieser Stellt einen guten Referenzwert für den voraussichtlich erreichbaren Kurs "**indikativer Preis**".

Beispiel

Es sei angenommen, Aktie XYZ wird an der Wertpapierbörse COMEX in New York unverzüglich mit 751,20 US-$ "**bid**" (Kaufpreis) zu 751,30 US-$ "**ask**" (Verkaufspreis) vermerkt. Eine simultan eintreffende Marktorder eines Investors wird vom zuständigen Broker innerhalb kürzester Zeit an COMEX weitergeleitet. Letzterer wird nun bestreben, selbige Order zum "ask"-Preis auszuführen. In diesem Beispiel wären dies 751,30 US-$. Da es jedoch keineswegs unwahrscheinlich ist, dass der Preis des Goldes inzwischen angestiegen ist, muss der Investor ebenfalls von einem höheren Preisen für den Kauf ausgehen.

Bei Inanspruchnahme von Marktordern sollten demzufolge stets unerwünschte Kursbewegungen mit ins Kalkül einbezogen werden. Insbesondere bei den sogenannten "fast markets". Diese sind in der Lage Börsenkurse sehr zügig und teilweise exorbitant zu ändern. Zu beachten ist fernerhin, dass besonders in einem wenig liquiden Markt diese Orderart mit verhältnismäßig hohen Handelskosten einhergehen kann. Eine weitere Abwandlung der Marktorder stellt letztlich die "**market not held order**" dar, welche auch unter dem Namen "**DRT-Order**" beziehungsweise "**disregard tape-order**" bekannt ist.

In diesem Fall erteilt der Auftraggeber dem Broker eine Handlungsvollmacht. Durch diese erhält der Broker einen Ermessensspielraum, wann genau die betreffende Marktorder durchzuführen ist. Die Beschaffenheit der Orderausführung ist damit unweigerlich verknüpft mit der Befähigung des Brokers, den korrekten Zeitpunkt für die Vollziehung adäquat einzuschätzen.

Fazit

Marktorders garantieren, dass ein Kauf beziehungsweise Verkauf stattfindet. Dies geschieht aufgrund der Begebenheit, dass jedwedes Börsengeschäft im Regelfall "um jeden Preis" vollzogen wird. Das vorrangige Anliegen eines Aktionärs, welcher eine Marktorder erteilt, ist dementsprechend die sofortige Ausführung seiner Order. Zweitrangig ist die Bedeutung, welcher konkrete Preis tatsächlich realisiert wird. Eine Marktorder erscheint in der Regel angebracht, sofern ein Aktionär den Widrigkeiten einer ständigen Kenntnis des aktuellen Kurses durch stetiges Informieren von Limits entgehen möchte.

Stopp - Order

Eine Stopp-Order zeichnet aus, dass der Anleger mit Erteilung des Auftrages eindringlich einen Stopp-Kurs als Orderbeschränkung benennt. Fachlich werden diese auch als **"trigger price"** oder **"Auslösepreis"** betitelt. Die Auswirkung einer Stopp-Order im Markt lässt sich folglich charakterisieren: Erreicht beziehungsweise durchschreitet der Kurs des Wertpapiers den Wert des gesetzten Stopp-Kurses, transformiert sich die betreffende Stopp-Order augenblicklich und selbstständig zu einer Marktorder. Ein Abschluss erfolgt, wie für Marktorders typisch, zum nächstmöglich herrschenden Marktpreis.

Anhand der Stopp-Order ist das Verständnis, wo ein Stopp-Kurs in Relation zum momentanen Kurs der Börse zu setzen ist, von immenser Relevanz. Abhängig davon, ob es sich in diesem Zusammenhang um eine Kauf- oder Verkaufs-Stopp-Order handelt, sind zweierlei Fälle zu differenzieren:

Soll eine **Verkaufs-Stopp-Order "sell stop order"** erteilt werden, so muss der Stopp-Kurs unterhalb des gegenwärtigen Marktpreises liegen. Handelt es sich hingegen um eine **Kauf-Stopp-Order "buy stop order"**, so muss der Stopp-Kurs über dem aktuellen Gleichgewichtspreis liegen. Im Unterschied zur Verkaufs-Stopp-Order wird der Stopp-Kurs einer Kauf-Stopp-Order anhand des derzeitigen Gleichgewichtspreises festgesetzt.

Eine Stop-Order kann prinzipiell in mehreren Konstellationen als sinnvoll angesehen werden. Sinn und Zweck dieser Orderart ist die Eingrenzung von Verlusten, sowie die Absicherung des Buchgewinns gehaltener Aktien.

Beispiel

Ein Investor ist im Besitz von 500 XYZ-Wertpapieren mit einem anfänglichen Basispreis von 16,50 $ pro Handelspapier. Er möchte eventuelle Verluste aus jener Position auf maximal 2500 $ im Ganzen limitieren, ohne hierbei sein Portfolio ständig im Auge behalten zu müssen. Der Aktionär platziert zu diesem Zweck eine Verkaufs-Stopp-Order "**protective stop**" folgend: "Sell 500 XYZ-Shares at $ 14, Stop". Achten Sie darauf, dass der Stopp-Kurs, wie zuvor erörtert, unterhalb des momentanen Kurses von 16,50 $ liegt. Folglich wird keine direkte Ausführung resultieren. Solange nun die XYZ-Wertpapiere durch den "**trigger price**" von 14 $ notiert sind, verweilt die Stopp-Order im Orderbuch. Sollte der Kurs der XYZ-Aktien allerdings Einbußen erfahren und soweit herabgesetzt werden, dass sich ein Angebot "**offer**" zu 14 $ ergibt, so wird infolgedessen die Verkaufs-Stopp-Order sofort aktiviert und wandelt sich zeitgleich zu einer Marktorder. Die inzwischen zur Marktorder transformierte Stopp-Order wird umgehend zum nächstbesten Börsenkurs ausgeführt werden.

Lassen Sie uns zur Erörterung die Sequenz der letzten fünf Umsätze näher betrachten:

14,15 $, 14,10 $, 14,05 $, 14,00 $, 13,95 $

Die beginnenden drei Preise der Kurssequenz befinden sich über dem zuvor ausgewiesenen Stopp-Kurs von 14 $ der Verkaufs-Stopp-Order. Demnach haben diese keinerlei Auswirkung auf die Order. Der vierte Preis wird zum Stopp-Kurs von 14 $ ausgeführt und aktiviert zunächst lediglich die Stopp-Order. Die Stopp-Order ist demzufolge zur Marktorder umgewandelt worden und wird aufgrund dieses Umstandes so schnell wie ausführbar zum nächstmöglich erzielbaren Marktkurs vereinheitlicht werden. Der darauf folgende Handel findet zu 13,95 $ statt.

Die Erteilung eines Stopp-Kurses sollte keineswegs dahingehend falsch interpretiert werden, dass eine Stopp-Order stets zum genannten Stopp-Kurs veräußert werden muss. Der Preis der tatsächlichen Ausführung kann folglich höher (Verkauf), niedriger (Erwerb) oder identisch ausfallen. Die präzisen Modalitäten, jene zur Aktivierung einer Stopp-Order führen, können sich gleichwohl von Aktienbörse zu Aktienbörse in gewissen Nuancen unterscheiden. Die Unverhältnismäßigkeit zwischen dem Kurs der Auslösung und dem tatsächlich erreichtem Handelspreis eines Wertpapiers kann unter Umständen besonders schwerwiegende Folgen nach sich ziehen.

Folglich wird ein Aktienkurs aufgrund negativer Meldungen deutlich und sehr zum Nachteil vom "trigger price" einer Stopp-Order abweichen. Im zuvor genannten Beispiel wird die Abwicklung des Geschäftes unter Umständen erst bei einem

Aktienpreis von 13 $ anstelle von 14 $ zustande kommen. Eine Kauf-Stopp-Order hingegen findet bei der Eingrenzung von Einbußen einen Vorteil, zusätzlich zu der sicheren Haltung des Buchgewinns. Eine weitere bedachte Anwendungsmöglichkeit einer Stopp-Order ist die Eröffnung äußerst riskanter Positionen.

Beispiel

Ein Anleger könnte nach einem beobachteten Kursrückgang die Schlussfolgerung ziehen, dass dieser Markt mit dem derzeitigen Preisniveau seinen Tiefpunkt erreicht hat. Mit der Annahme einer Besserung erhofft dieser eine künftige Gewinnmarge. Der Investor positioniert eine Kauf-Stopp-Order mit Stopp-Kurs zum gegenwärtigen Marktpreis. Erlebt der Markt einen plötzlichen Umschwung, wird infolgedessen die Kauf-Stopp-Order aktiviert. Daraus resultiert, dass diese als Marktorder direkt vollzogen wird. Sollte der Aktionär sich irren und der Börsenkurs sinkt kontinuierlich, so erlangt er Gelegenheit, seine Einschätzung des Marktes erneut zu überdenken. Hinterher lässt sich auf Basis neugewonnener Daten mit einer entsprechend angepassten Order wiederholt Stellung beziehen.

Der schwierigste Teil bei der Nutzung einer Stopp-Order stellt die Bestimmung der idealen Höhe des Stopp-Kurses im Verhältnis zum momentanen Niveau dar. Immerhin muss der Kurs einer

Kauf-Stopp-Order unterhalb des momentanen Kurses liegen. Bei der Festsetzung der Höhe des Stopp-Kurses wird stets die Unstetigkeit des Marktes die entscheidende Rolle spielen. Sollte der Stopp-Kurs inmitten eines stark besiedelten Bereichs zum aktuellen Niveau des Kurses gesetzt werden, ist die Wahrscheinlichkeit hoch, voreilig und abrupt ausgebremst zu werden. Wird hingegen der Stopp-Kurs in einem den Umständen entsprechend ruhigen Markt nicht nah genug am derzeitigen Kursniveau gesetzt, so ist die Wahrscheinlichkeit hoch, dass ein Stopp-Kurs durchaus nicht zur Vollziehung gelangt.

Fazit

Eine Stopp-Order offeriert, trotz vieler strategischer Vorzüge, gewiss keine Garantie auf die Ausführung zum gewünschten Stopp-Kurs. Bevor eine Stopp-Order ausgeführt werden kann, konvertiert diese zunächst zu einer Marktorder. Eine Marktorder kann zu jedem eventuell erreichbaren Kurs im Markt ausgeführt werden. Somit verbleibt stets eine gewisse Gefahr, dass der tatsächlich erzielte Kurs in nicht unerheblichem Maße vom erhofften Stopp-Kurs abweicht.

Stopp-Limitorder

Um die Zweifel durch den erzielbaren Kurs bei herkömmlichen Stopp-Ordern besser in den Griff zu bekommen, wurde die Stopp-Limitorder konzipiert. Anhand der Verwendung einer Stopp-Limitorder soll insbesondere der Gefahr von stark abweichenden, unerwünschten Ausführungskursen wirkungsvoll entgegengewirkt werden. Zur ordnungsgemäßen Vergabe einer Stopp-Limitorder ist durchgehend die Angabe zweier separater Kurse vonnöten, bestehend aus:

➢ einem Stopp-Kurs "**trigger price**".
➢ einem Limit-Kurs.

Handelt es sich in diesem Zusammenhang um eine Verkaufs-Stopp-Limitorder "**sell-stop-limit order**", so muss sich der Stopp-Kurs unterhalb des momentanen Marktpreises befinden. Bei einer Kauf-Stopp-Limitorder "**buy-stop-limit order**" muss hingegen der Stopp-Kurs durch den momentanen Marktpreis gesetzt werden.

Beispiel

Der Preis des XYZ-Wertpapieres liegt bei 18,90 $. Der Investor erwartet, dass nach Durchbrechen der Marke von 19 $ der Anstieg des Kurses weiter anhalten wird. Er erteilt zu jenem Zweck folgende Order: "Buy 150 XYZ-Aktien at $ 19 Stop, $ 19,10 Limit".

> **"Jegliche Stopp-Limitorder setzt sich grundsätzlich aus zweierlei Kursangaben zusammen - Stopp-Kurs und Limit-Kurs."**

Für die Bestimmung der Höhe des Stopp-Kurses von Stopp-Limitordern gelten die identischen Voraussetzungen, wie bei einer Stopp-Order. Es empfiehlt sich demnach, vor Gebrauch einer Stopp-Limitorder mit den Details und Anwendungsvoraussetzungen von Stopp-Ordern gleichermaßen vertraut zu sein wie mit den Limitordern.

Erreicht oder überwindet der Börsenkurs den vom Anleger gesetzten Stopp-Kurs **"trigger price"** einer Stopp-Limitorder, so transformiert sich selbige auf Anhieb und selbstständig zu einer herkömmlichen Limit-Order. Die folgende Vollziehung ist aufgrund dessen lediglich zum Limitkurs oder besser möglich.

Der Unterschied zwischen einer Stopp-Limitorder und einer Stopp-Order ist demzufolge dem Umstand geschuldet, dass sich die Stopp-Limitorder in eine Limitorder verwandelt, während sich die Stopp-Order stets in eine Marktorder transformiert. Eine Stopp-Limitorder lässt sich demnach auch als "bedingte Limitorder" betrachten. Eine Kauf-Stopp-Limitorder, bei jener der Stopp-Kurs durchgehend über dem derzeitigen Gleichgewichtspreis fixiert wird, transformiert sich immer als Nächstes in eine Limitorder, sofern zum genannten Stopp-Kurs Gewinnmargen zustande kommen. Dies geschieht ebenfalls, sobald ein Angebot zum beziehungsweise unterhalb des gesetzten Stopp-Kurses abgegeben wird "**bid at or above the stop price**". Die Ausführung der Order selbst erfolgt unterdessen lediglich mit dem Vorbehalt, dass im Anschluss an eine Aktivierung der Stopp-Limitorder der Marktpreis das Niveau des vom Anleger gesetzten Limitkurses keinesfalls überschreitet.

Eine Verkauf-Stopp-Limitorder, bei jener der Stopp-Kurs unterhalb des aktuellen Marktpreises fixiert wird, konvertiert stets als Nächstes zu einer Limitorder, sofern zum genannten Stopp-Kurs Gewinne erzielt wurden. Dies geschieht ebenfalls, sofern Angebote zum genauen Kurs beziehungsweise unterhalb des genannten Stopp-Kurses abgegeben werden "**offered at or below the stop price**". Die Ausführung der Order an sich erfolgt ausschließlich unter der Voraussetzung, dass im Anschluss an die Aktivierung der Marktpreis den gesetzten Limitkurs unter keinen Umständen unterschreiten wird.

Generell wird die Stopp-Limitorder in dreierlei verschiedenen Konstellationen des Marktes angewandt:

> ➢ Dem methodisch ausgerichteten Erwerb von Aktien
> ➢ Der Limitierung von Einbußen gehaltener Aktien
> ➢ Vorkehrung zur Wahrung eines Buchgewinns gehaltener Aktien

Vor Anbeginn des Börsenhandels sollten
Stopp-Limitorders im Allgemeinen den einfachen
Stopp-Ordern bevorzugt werden. Insbesondere dann,
wenn von immensen, unvorhersehbaren Bewegungen
des Kurses ausgegangen werden muss. Es ist jedoch
Obacht geboten: Bei innerhalb kürzester Zeit
eintretenden, außerordentlich **starken
Kursausschlägen erreicht die Stopp-Limitorder
meist nicht ihre vorgesehene Auswirkung!**

Beispiel

> "Kaufe 100 XYZ-Wertpapiere zu 15 € Stop,
> 15,25 € Limit". Solange sich der Kurs der
> XYZ-Wertpapiere unter 15 Euro befindet,
> geschieht zunächst nichts. Befindet sich jener
> bei 15 Euro, so aktiviert sich infolgedessen die
> Kauf-Stopp-Limitorder und konvertiert
> automatisch zu einer Limitorder mit einer
> Eingrenzung des Kaufwertes auf maximal
> 15,25 Euro.

> "Sell 150 XYZ-Shares at $ 25, Stop Limit". In
> dieser Konstellation sind Stopp-Kurs und
> Limit-Preis kongruent. Wird ein XYZ-Wertpapier
> zu 25 $ oder zu einem geringeren Kurs
> gehandelt, so wandelt sich die
> Verkaufs-Stopp-Limitorder zu einer
> Verkaufs-Limitorder mit einem Maximalpreis
> von 25 $. In diesem Zusammenhang besteht
> unterdessen die keineswegs unerhebliche

Gefahr, dass die Order zwar aktiviert, jedoch zu keinem Zeitpunkt ausgeführt wird. Der Marktpreis kann keinesfalls zum wiederholten Male an die Obergrenze heranreichen. Zum Beispiel könnte das XYZ-Wertpapier von 25,10 $ auf 24,50 US-$ fallen und auf diese Weise die Stopp-Limitorder auslösen. Sollte sich ein Rückgang des Kurses fortsetzen, ohne den Limitkurs von 25 $ erneut zu erreichen, so bliebe die Stopp-Limitorder infolgedessen unausführbar.

Fazit

Stopp-Limitorders sollten für Anfänger eher nicht infrage kommen. Ihnen sollte erst dann Beachtung geschenkt werden, sobald jegliche anderweitige Orderart zuvor ausgeschöpft wurde. Insbesondere die Ungewissheit bezüglich des tatsächlichen Ausführungskurses bedarf Erfahrung.

Trailing Stopp-Order

Eine Abwandlung der Stopp-Order stellt die Trailing-Stopp-Order dar. Der zusätzliche Vermerk "**Trailing**" setzt das Unterscheidungsmerkmal. Dieser bewirkt, dass der Ausführungskurs in Relation zum Marktpreis eine gewisse Höhe nicht überschreitet. Die Angabe der Höhe kann entweder in Prozent oder einem definierten Preis angegeben werden. Anhand einer der Situation des Marktes angeglichenen Trailing-Stopp-Order wird die Möglichkeit erschaffen, sich in den meisten Begebenheiten einen durchaus soliden Buchgewinn zu sichern. Das Besondere: Hierbei handelt es sich um eine der "gemütlichsten" Ordermöglichkeiten, da ständige Beaufsichtigung und selbstständiges Anpassen der Position entfallen. Durchaus zwei Faktoren, welche prinzipiell sehr Zeitintensiv sind. Verluste lassen sich auch bei sinkenden Preisen des Marktes durch eine Trailing-Stop-Loss-Order eingrenzen. Für einen Handel mit Optionen werden von einigen Anbietern im Regelfall jedoch keinerlei Trailing-Stopp-Orders akzeptiert.

Fazit

Die Stopp-Limitorder ist fast identisch im Vergleich zur Stopp-Order. Der wesentliche Unterschied besteht darin, dass diese nicht automatisch zu einer Marktorder umgewandelt wird. Sie wird zur Limitorder. Im Kontrast zur Stopp-Order ist unterdessen auch bei Aktivierung anhand einer Verbuchung die nachfolgende Durchführung einer Stopp-Limitorder keineswegs garantiert. Dieser Umstand ist der Tatsache geschuldet, dass der Ausführung nur sehr enge Grenzen im Rahmen des Limits gesetzt sind.

Zeitlich limitierte Order "time limit orders"

Eine zeitlich begrenzte Order wird bei der Erteilung des Auftrages zusätzlich mit einer Zeitspanne versehen. Diese gibt an, in welchem Zeitraum die Order auszuführen ist. Wird hingegen keinerlei Angabe bezüglich der Laufzeit vermerkt, so wird das zuständige Bankhaus beziehungsweise der Broker von dem Sachverhalt ausgehen, dass eine Tagesorder "**nur heute gültig**", **GFD**, "**good-for-day**", "**day order**" ausgeführt werden soll.

Der Zeitraum der Gültigkeit einer Tagesorder beläuft sich im Normalfall auf den gesamten Handelszeitraum des Tages, an jenem der Auftrag erteilt wurde. Wird eine Tagesorder außerhalb der Öffnungszeiten getätigt, so gilt diese für den nächsten Handelstag. Sollte es dem Börsenhändler bis zum Tagesende keineswegs möglich sein, eine time limit order auszuführen, so wird diese automatisch gecancelt.

OB-Order "Limit-or-Better-Order"

Während der Ausführung einer limitierten Order wird der Broker bestrebt sein, im Sinne des Auftraggebers den erwünschten beziehungsweise einen noch höheren Kurs "**or bette**r" auszuhandeln. "Besser" besagt im Falle einer Kauf-Limitorder einen geringeren Kurs. Mittels einer Verkaufs-Limitorder soll ein höherer Preis in Relation zum vorgegebenen Limit erzielt werden. Bei der Erteilung einer Limitorder müssen zusätzlich zu dem Vermerk "or better" keine weiteren Angaben bezüglich des gewünschten Preises gemacht werden. Ihr Börsenhändler ist bereits anhand des Vermerkes "or better" darüber informiert, dass Sie gerne eine höhere Gewinnmarge erzielen würden. Ein Sonderfall demgegenüber wäre folgende Konstellation:

Das XYZ-Wertpapier notiert gegenwärtig einen Kurs von 15,25 $. Ein Käufer erteilt zu jener eine Limitorder. Die Aktie soll zu 15 $ "or better" erworben werden. Der Online-Broker ist hier in der Verantwortung, die Situation des Marktes vorab auf vorteilhaftere Kurse als den vorgeschriebenen Limitkurs zu prüfen. Sie sollten demnach lediglich Gebrauch von dem Vermerk "or better" machen, sofern der Markt auch tatsächlich einen besseren Kurs in Aussicht stellt. Andernfalls könnte dieser Umstand zu Aufklärungsbedarf führen, ob es sich bei jener Order auch tatsächlich nicht um eine Stopp-Order handelt. Hierdurch könnte sich die Umsetzung im Ganzen in die Länge ziehen und potenzielle Gewinne verstreichen.

OCO-Order "One Cancels Other"

OCO-Order "**One Cancels Other**", auch als Alternativ-Orders bezeichnet, bestehen aus zwei unterschiedlichen Teil-Ordern, jene gemeinsam auf einem Orderticket notiert werden. Folglich werden beide als eine Einzelorder behandelt. Angesichts dessen wird der Börsenhändler angewiesen, sobald eine der beiden Teil-Order vollzogen werden konnte, die verbliebene Order unmittelbar zu annullieren. OCO-Orders sind teil der strategisch zusammengeführten Order "**strategy order**", welche durchaus nicht von allen Anbietern offeriert werden. Strategy Orders tragen zur Erhöhung der Sicherheit bei, da sich einzelne Gegebenheiten individuell aufeinander abstimmen lassen.

Obwohl grundsätzlich sämtliche Orderarten untereinander fusioniert werden können, handelt es sich bei einem Teil der OCO-Order in der Regel um eine Limitorder, bei dem Gegenstück um eine Stopp-Order. In Erwartung wachsender Kurse, der sogenannten "**bullish strategy**" "**Bullen-Strategie**", liegt der Stopp-Kurs einer Order über dem gegenwärtigen Marktpreis. Das Limit ist ebenfalls erhöht. Für eine Vermutung auf sinkende Kurse "**bearish strategy**" "**Bären-Strategie**" gilt demgegenüber: Der Stopp-Kurs einer Verkauf-Stopp-Order liegt unter dem momentanen Gleichgewichtspreis. Das Limit ist höher angesetzt.

Beispiel "bullish order"

Das XYZ-Wertpapier wird mit 12,50 $ angezeigt. Ein Anleger erhofft, dass das XYZ-Wertpapier auf kurze Sicht etwas zurückweichen, langfristig jedoch dauerhaft ansteigen wird. Der Anleger könnte nun unproblematisch eine Limitorder mit einem Limitkurs von etwas unter 12,50 $ festsetzen. Jenes birgt unterdessen die Gefahr, dass der Preis einer XYZ-Aktie ansteigt - **ohne** dass der Kurs des Limits zuvor noch einmal erreicht wird. Um dieser Gegebenheit entgegenzuwirken, kann die OCO-Order in Betracht gezogen werden. In dieser Konstellation könnte der Investor nun folgende OCO-Order in Auftrag geben:

"Either Buy 250 XYZ-Shares at 12,25 $ or Buy 250 XYZ-Shares at 13,15 $, Stop"

Selbst bei augenblicklich steigenden Kursen kann hierdurch stets Position bezogen werden. Sinkt das XYZ-Wertpapier im Anschluss auf 12,25 $ beziehungsweise tiefer, so wird die Limitorder ausgeführt, simultan jedoch die dazugehörige Stopp-Order storniert. Steigt demgegenüber die XYZ-Aktie, ohne zuvor erneut auf 12 $ zurückzufallen, so erwirkt dieser Umstand die Durchführung der Stopp-Order und die Limitorder wird automatisch gecancelt.
Es ist jedoch Vorsicht geboten: **Dem Naturell einer Limitorder entsprechend wird stillschweigend unterstellt, dass der Investor mit einer**

Teilausführung der eigenen Limitorder einverstanden ist. Dies gilt ebenfalls für Limitorders als Bestandteil von OCO-Ordern.

Fazit

Der Einsatz einer OCO-Order kann als sinnvoll erachtet werden, sofern zwei ähnliche Orderarten in Auftrag gegeben werden sollen, welche sich gegenseitig ausschließen. Bei sachgemäßer Erteilung der Order schließen Sie mit Garantie aus, dass unbeabsichtigt beide Order simultan durchgeführt werden.

GTC-Order "good-till-cancelled order"

Dieser Ordertyp lässt sich prinzipiell als Tages-Order klassifizieren. Fehlt eine Angabe der Zeit und der Investor lässt nichts Gegenteiliges verlauten, so wird die Order automatisch als Tages-Order behandelt. Fügt ein Anleger bei Ordererteilung unterdessen ausdrücklich den Zusatz "GTC" an, handelt es sich um eine Order bis auf Widerruf. Diese verbleibt bis zu dem Zeitpunkt der Ausführung in den Order-Büchern vermerkt. Selbstverständlich ausschließlich zu den vom Anleger gesetzten Konditionen. Eine GTC-Order könnte sogar, sofern noch unausgeführt, vom Auftraggeber jederzeit widerrufen werden.

Da GTC-Orders generell für einen unbestimmten Zeitraum ausgeführt werden, könnte ein Investor nach geraumer Zeit eine noch offene GTC-Order aus den Augen verlieren. Dies könnte zur Folge haben, dass die betreffende Order zu einem nunmehr unerwünschten Augenblick beziehungsweise zu einem unvorteilhaften Kurs zur Durchführung kommt. Ein solide wirtschaftendes, umsichtiges Brokerhaus wird aufgrund dessen den Anleger von Zeit zu Zeit um Bestätigung seiner GTC-Order bitten. Allerdings ist es selbst einer GTC-Order gewiss nicht möglich, auf ewig in Auftragsbüchern zu verweilen. In der Regel beläuft sich die Gültigkeitsdauer auf sechs Monate. So storniert die NYSE beispielsweise GTC-Orders am letzten Geschäftstag im April beziehungsweise im Oktober. Bei Xetra erfolgt dies unterdessen nach 90 Kalendertagen - der aktuelle Tag mit einberechnet. GTC-Orders können selbst dann automatisch auslaufen, sofern betreffende AG bestimmte Kapitalmaßnahmen durchführt. Eine GTC-Order erlischt aber in jedwedem Fall mit erfolgter Durchführung.

Zu den Varianten der GTC-Order zählen sämtliche **"good-till-date-orders"**. Diese zeichnen sich insofern aus, dass bei Erreichen einer festgesetzten Datumsgrenze selbstständig ein Verfall herbeigeführt wird. Beispiele hierfür wären die GTW-**"good-this-week"** sowie die GTM-Order **"good-this-month"**. Die Gültigkeit einer GTW-Order verfällt nach Ablauf einer Woche, die einer GTM-Order am Ende eines Monats. Bei beiden Varianten handelt es sich im Grunde um eine GTC-Order, welche mit einem Ablaufdatum versehen und am Ende einer Woche beziehungsweise eines Monats systematisch gecancelt wird. GTW- und GTM-Order werden also lediglich von einigen Brokerhäusern akzeptiert, um Kundenwünschen weitestgehend zu entsprechen. Die allermeisten Börsen nehmen GTW- und GTM-Orders jedoch nicht entgegen.

MIT-Order "market-if-touched order"

Die MIT-Order **"market-if-touched order"**, auch bekannt als **"board order"**, ist vom Grundaufbau her der Stopp-Order äußerst ähnlich. Bei Erteilung der Order setzt der Investor einen sogenannten "**MIT-Limitkurs**". Um überhaupt zur Vollziehung gelangen zu können, muss die MIT-Order demzufolge in erster Linie durch eine entsprechende Bewegung am Markt ausgelöst werden. Das Auslösen erfolgt jedoch lediglich unter der vorherigen Bedingung, dass der Markt den vom Anleger gesetzten MIT-Limitkurs erreicht beziehungsweise durchbricht. Infolgedessen verwandelt sich die MIT-Order im Anschluss augenblicklich und automatisiert zu einer Marktorder. **Nach erfolgter Auslösung ist eine MIT-Order keineswegs mehr an den ursprünglichen Limitpreis gebunden**.

Der wesentliche Unterschied einer MIT-Order im Vergleich zur Stopp-Order besteht im Verhältnis des MIT-Limitkurses zum momentan herrschenden Marktpreis. Festgesetzt wird der Preis im Augenblick der Formulierung entsprechender Order. Wird eine Verkaufs-MIT-Order "**sell MIT order**" in Auftrag gegeben, so muss der MIT-Limitkurs den aktuellen Gleichgewichtspreis übersteigen. Wird hingegen eine Kauf-MIT-Order "**buy MIT order**" in Anspruch genommen, so muss der MIT-Limitkurs unter dem des aktuellen Marktpreises festgesetzt werden.

Eine Verkaufs-MIT-Order erwirkt durch ihre Umsetzung im Aktienmarkt eine Verkaufsposition "**Short**" beziehungsweise schließt eine offene Kaufposition "**Long**". Eine Kauf-MIT-Order richtet hingegen eine Long-Position neu aus beziehungsweise eine gehaltene Short-Position wird storniert.

Beispiel

Definiert sei nachstehende Order: "Buy 50 XYZ-Shares at $ 30, market-if-touched", bei einem gegenwärtigen Kurs des XYZ-Wertpapieres von 30,25 $. Der Anleger bewirkt hiermit, die XYZ-Aktie zu einem Preis zu erwerben, welcher für ihn gewinnbringender ist als der aktuelle Preis des Marktes. Der Investor agiert aufgrund der Spekulation, der Markt habe auf dem derzeitigen Stand von 30 $ seinen Tiefstand erreicht. Dieser würde jedoch innerhalb kürzester Zeit abermals ansteigen, so die Strategie.

Es wäre prinzipiell möglich, als Alternative eine Marktorder in Auftrag zu geben. Der Anleger erhofft sich jedoch, im Zuge der Platzierung einer MIT-Order einen niedrigeren Kaufkurs erreichen zu können. Hierbei besteht allerdings die Gefahr, dass der Markt bereits vor Erzielen der 30 $-Marke abermals steigt und der Investor seinen erhofften Einstieg demzufolge verpasst. Dieser Misserfolg beruht auf der Begebenheit, dass die MIT-Order unverändert in den Auftragsbüchern verweilt, solange der Marktpreis sich über 30 $ befindet. Fällt hingegen der Kurs wie erwartet und der Preis beträgt 30 $ beziehungsweise darunterliegend, so wird die MIT-Order ausgelöst, transformiert sich folglich in eine Marktorder und wird zum nächsten Kurs realisiert werden. Die Kosten der Ausführung können demzufolge faktisch höher, niedriger oder gar identisch hoch sein wie der MIT-Limit-Kurs zu 30 $.

Aufgrund dieser Begebenheit ist es ratsam, in geringer liquiden Märkten auf MIT-Orders zu verzichten und ersatzweise auf Limitorders zurückzugreifen. MIT-Orders haben bei den meisten Anbietern eine eher untergeordnete Priorität im Vergleich zu einer Marktorder. Bedeutet, dass diese im Handel erst ausgeführt werden, nachdem jedwede noch ausstehende Marktorder zuvor einbezogen und umgesetzt wurde.

FOK-Order "Fill-or-Kill"-Order

Aufträge, welche mit der Einschränkung **"Fill-or-Kill"** beziehungsweise "**FOK**" gekennzeichnet werden, sind in der Regel Markt- oder Limitorders, jene an der Aktienbörse umgehend und in Gänze auszuführen sind. Sofern eine FOK-Order mit einer Limitierung versehen ist, wird diese zum notierten Limitkurs beziehungsweise zu einem für den Aktionär besseren Kurs durchgeführt. Tritt diese Gegebenheit keineswegs ein, so wird die "Fill-or-Kill"-Order unmittelbar und selbstständig storniert. Eine FOK-Order kann daher zu keinem Zeitpunkt im Orderbuch einer Aktienbörse verzeichnet werden.

Das Limit einer FOK-Order wird sich aufgrund der Praktikabilität für gewöhnlich am gegenwärtigen Preis des Marktes anlehnen, wie aus folgendem Szenario ersichtlich wird:

Beispiel

"Sell 250 XYZ-Shares at 25 $, fill-or-kill", bei einem aktuellen Kurs des XYZ-Wertpapiers von 24,90 $. An klassischen Börsen wird der Broker auf dem Handelsplatz nach Annahme des Auftrages in der Regel dreimal aufeinanderfolgend versuchen, die FOK-Order zum notierten Limit durchzuführen. Die Versuche erfolgen direkt nacheinander. Sollte eine Durchführung nicht auf Anhieb gelingen, so wird die FOK-Order augenblicklich und in vollem Umfang storniert. Dabei ist es nicht von Bedeutung, ob wenige Augenblicke später eine Geschäftsabwicklung zum Order-Limitkurs realisierbar gewesen wäre. Die Transaktion der FOK-Order geschieht im Ganzen sehr zügig.

Die FOK-Order erweist sich meist dann als nützlich, sofern der Ankauf beziehungsweise Absatz einer definierten Quantität von Aktien angedacht ist. Auf diese Weise können Teilausführungen unterbunden werden. Hierbei hätten unter Umständen zusätzliche Kosten entstehen können. Teilausführungen sind bei einer FOK-Order demzufolge generell nicht gestattet. Daher ist es empfehlenswert, vor Inanspruchnahme des FOK-Orderzusatzes diesbezüglich zuverlässige Informationen zu recherchieren. Im vorgenannten

Beispiel wird der Onlinebroker jedoch im Normalfall versuchen, sämtliche 250 XYZ-Wertpapiere auf einmal zu veräußern. Selbiges gilt für Orders an Computerbörsen. Gelingt diese nicht, wird die Order augenblicklich storniert.

IOC "Immediate-or-Cancel-Order"

Die IOC-Order wird im Zusammenhang mit limitierten Ordern verwendet und erfordert ebenso wie die "Fill-or-Kill"-Order eine unverzügliche Ausführung. Der Teil, welcher unausgeführt verbleibt, wird augenblicklich gecancelt. Das wesentliche Unterscheidungsmerkmal zur "Fill-or-Kill"-Order ist die Möglichkeit, eine Order auch in Teilen auszuführen. Die IOC-Order findet in der Regel bei Erwerbs- beziehungsweise Verkaufsaufträgen von diversen **"round lots"** Verwendung. Als Round lots werden Orders mit einem hohen Auftragsvolumen bezeichnet. Ein geringes Aufkommen wird hingegen als "**odd lot**" betitelt.

Beispiel

Ein Anleger ordert 400 XYZ-Wertpapiere zu 9,50 $ je Aktie "Immediate-or-Cancel". Auf diese Weise wird der Auftrag binnen weniger Sekunden an entsprechende Wertpapierbörse übermittelt. Es erfolgt eine Geschäftsabwicklung über lediglich 200 XYZ-Wertpapiere zu 9,50 $. Der Kurs erhöht sich anschließend auf 9,70 $.

Das Überbleibsel der Order wird augenblicklich
storniert und der Investor empfängt eine Bestätigung
der Ausführung über 200 XYZ-Wertpapiere zu 9,50 $
je Handelspapier. Für eine IOC-Order ist es
unmaßgeblich, ob hierauf folgend eine
Geschäftsabwicklung zum Limitkurs von 9,50 $
realisierbar gewesen wäre.

AON-Order "All-or-None-Order"

AON-Orders befinden sich stets in einem Akt des
Handels und sind in Gänze auszuführen. Lässt sich
dieses Vorhaben keinesfalls augenblicklich im
veranschlagten Ausmaß verwirklichen, so verbleibt
jene Order bis zur Ausführung im Orderbuch. Zu
vergleichen ist die AON-Order mit der FOK-Order, da
beide unter keinen Umständen Teilausführungen
zulassen. Der größte Schwachpunkt einer AON-Order
ist dem Umstand geschuldet, dass ihr üblicherweise
eine enorm geringfügige Wichtigkeit zugeschrieben
wird. Ihre Ausführung erfolgt erst, sobald alle
anderweitigen Orderarten bedient werden konnten.
Zudem werden in diesem Zusammenhang keinesfalls
Orders unter einem Mindestvolumen (in der Regel 300
Wertpapiere) angenommen.

In der Praxis werden AON-Orders meist an
englischsprachigen Handelsplätzen mit exorbitanten

Ordern über eine Vielzahl an "**round lots**" angewendet.

Hierüber hinausragende Formen wären die "**Scale Order**", sowie die "**iceberg order**". Eine Scale Order setzt definierte Kursintervalle fest. Diesen werden jeweils gewisse Mengen an Wertpapieren zugeordnet, welche zu vorteilhafteren Preisen erworben beziehungsweise veräußert werden sollen.

Iceberg-Orders werden hingegen des Öfteren von institutionellen Marktteilnehmern zum Ankauf, sowie zum Absatz größerer Stückzahlen angewendet. Zur Umgehung von unerwünschten Einflüssen bezüglich des Preises wird das gewünschte Gesamtvolumen mithilfe der Iceberg-Order in stufenweise auszuführende Teilorders aufgeteilt. Dies wird so oft wiederholt, bis das erwünschte Transaktionsvolumen schlussendlich vollführt werden konnte.

MOO-Order "market-on-opening order"

Etliche Kommissionshäuser beziehungsweise Handelsplattformen räumen ihren Endkunden bei Annahme einer Order die Möglichkeit ein, konkrete Angaben bezüglich der Ausführung während eines Börsenganges anzugeben. Eine Variante zur Festlegung der Ausführungszeit stellt die Formulierung einer MOO-Order dar. Diese könnte beispielsweise folgend veranlasst werden: "Buy 260 XYZ-Shares, market-on-opening".

Die MOO-Order erstrebt grundsätzlich das Ziel, als allererste Order durchgeführt zu werden. Der Broker ist demnach bemüht, bei einer Kauforder zum niedrigsten, potenziellen Kurs zu traden. Eine Verkaufsorder wird folglich zum höchstmöglichen Kurs veräußert. Demnach muss die MOO-Order zu Beginn realisiert werden, während anderweitige "**opening-only**"-Orders selbst ohne Ausführung verweilen könnten. Selbstverständlich in Abhängigkeit zu den Bedingungen des Marktes, welche zur Öffnung der Börse herrschen.

Sofern eine MOO-Order angesichts des Angebotes in Relation zur Nachfrage unausführbar ist, wird diese umgehend an den Kundenberater des Aktionärs mit einer entsprechenden Anmerkung zurückgeleitet.

MOC-Order "market-on-close order"

Bei MOC-Orders handelt es sich um eine Variation der Marktorder, welche zum Ende des entsprechenden Börsentages auszuführen ist. Der konkrete Zeitraum ist von den Allgemeinen Geschäftsbedingungen der zuständigen Wertpapierbörse abhängig. Vereinzelt können handelstechnische Veränderungen bezüglich des Aufkommens an Aufträgen auch einen Einfluss haben.

Beispiel

Ein Aktionär erteilt die MOC-Order "Sell 330 XYZ-Shares, market-on-close". Befindet sich der kürzlich ausgehandelte Wert einer XYZ-Aktie beispielsweise zwischen 20,20 $ - 20,25 $, so sind ausschließlich Preise inmitten dieses Kursintervalls auszuführen.

Es ist jedoch keineswegs oberstes Ziel einer MOC-Order, als Letzte vollzogen zu werden. Des Weiteren behält sich der zuständige Broker das Recht vor, solch eine Order 15 Minuten vor Schließung des Börsentages zurückzuweisen. Die entsprechenden Bedingungen variieren jedoch von Anbieter zu Anbieter. Der Zeitraum, in jenem eine MOC-Order auszuführen ist, wird grundlegend von der Begebenheit vorgegeben, ob sich die entsprechende Order auf "round lots", oder "odd lots" bezieht:

➢ **"round lots"** werden in der **"closing range"** vollzogen. Der Begriff bezeichnet letztlich die **finalen Sekunden des Börsenhandels, welche die Handelsspanne auszeichnen.** Der Onlinebroker ist bemüht, innerhalb jener Zeitvorgabe den für seinen Käufer attraktivsten Preis des Marktes zu erwirken. Aufgrund dessen lässt sich in der Regel garantieren, dass der Auftrag in etwa dem Preis des Tagesschlusskurses entspricht.

➢ "**odd lots**" werden demgegenüber **ausschließlich nach Handelsschluss einer Börsensitzung realisiert**. MOC-Kauforder werden demzufolge zu dem aktuellen "**offered**"-Kurs angeboten, MOC-Verkaufs-Order werden zu dem gegenwärtigen "**bid**"-Kurs veräußert.

Angaben an das Finanzamt

S eit dem 1.1.2009 werden Dividenden und Kursgewinne der Abgeltungssteuer (Kapitalgewinnsteuer) zugeschrieben, sofern die Wertpapiere dem privaten Vermögen zugeführt werden. Nahezu jegliche Kapitalerträge unterliegen pauschal 25 Prozent Abgeltungssteuer. Nur wenigen Anlegern ist bekannt, dass **zusätzlich der Solidaritätszuschlag – vergleichbar mit der Einkommenssteuer – anfällt**. Dieser beläuft sich laut aktuellem Stand (März 2020) auf 5,5 %. Das sind in der Gesamtheit 26,38 Prozent. Sollten Sie Mitglied der Kirchengemeinde sein, so wirkt sich dies ebenfalls auf die abzuführende Steuer aus. Die Kirchensteuer beträgt, je nach Bundesland, zwischen 8 und 9 %. Der Solidaritätszuschlag ist für alle Aktionäre verpflichtend. Ein Austritt aus der Kirche führt automatisch zum Wegfall dieser zusätzlichen Steuerlast.

Gesetzlich geregelt ist die Kapitalertragsteuer in Paragraf 32d des Einkommensteuergesetzes.

Bankinstitute, sowie in Deutschland ansässige Versicherungen führen diese automatisch an das entsprechende Finanzamt ab. In diesen Fällen sind die Zinssätze, Dividenden und Profite aus Aktien- und Fondsverkäufen abgeltend versteuert. Dies hat zur Folge, dass Anleger solch einer Konstellation diese nicht in **Anlage KAP der Steuererklärung** angeben müssen, da diese bereits vom entsprechenden Bankinstitut abgeführt wurden. Das System mit der Kapitalgewinnsteuer und Freistellungsaufträgen ist lediglich mit Summen anwendbar, jene Ihrem Depot oder Bankkonto in der Bundesrepublik gutgeschrieben werden. **Im Ausland ansässige Banken führen für Sie keinerlei Steuern an den deutschen Staat ab.** Sofern sich Ihr Wohnsitz in Deutschland befindet, sind Sie in der Verpflichtung, mittels des ausländischen Bankwesens erwirtschaftete Erträge selbstständig in der Steuererklärung anzugeben.

Sind Sie hingegen im Besitz ausländischer Handelspapiere beziehungsweise Fonds, so ist es meist üblich, dass jenes Land eine sogenannte Quellensteuer einbehält. Diese Veräußerung variiert je nach Land und kann nicht pauschal beziffert werden. Der Ablauf der Anlage KAP wird im weiteren Verlauf des Kapitels näher erläutert.

Steuerfreie Kapitalerträge

Jeder volljährigen Person in Deutschland steht ein Sparerpauschbetrag von 801 Euro im Jahr zu. Bis zu dieser Schwelle hin sind erreichte Kapitalerträge von der Steuer befreit. Beträge darüber hinaus sind steuerpflichtig. Mit einem Freistellungsauftrag bis zu dieser Höhe können Sie verhindern, dass Ihre Bank (in Deutschland ansässig) Abgeltungssteuer abführt. Sofern Sie im Besitz mehrere Konten beziehungsweise Depots sind, sollten Sie die Summe möglichst aufteilen. Für jede Bank ist hierfür ein eigener Freistellungsauftrag vonnöten. In diesem Zusammenhang darf der Sparerpauschbetrag in der Gesamtheit keinesfalls überschritten werden. Zuviel veräußerte Kapitalertragsteuer können Sie sich mit der Anlage KAP zurückholen. Der Sparerpauschbetrag zählt im Steuerrecht zu den Werbekosten. Sollten Sie den pauschalen Betrag anwenden, können Sie keinerlei Werbekosten für Ihre Einnahmen aus Kapitalvermögen absetzen.

Sofern Sie mit Ihrem in der Gesamtheit zu versteuernden Einkommen nicht den Grundfreibetrag (2019 - 9.168 Euro, 2020 - 9.408 Euro) überschreiten, so müssen Sie keinerlei Steuern hierfür entrichten. Dieser Umstand betrifft auch die Kapitalerträge. Rentner, Studenten und Minijobber können besonders von dieser Tatsache profitieren. Diese müssen hierfür beim Finanzamt eine Nichtveranlagungsbescheinigung anfordern. Diese ist bis zu drei Jahren gültig und muss bei der Bank vorgelegt werden. Das Bankhaus zieht daraufhin von Ihren Kapitalerträgen keinerlei Abgeltungssteuer ab. Ändern sich Ihre persönlichen Verhältnisse, so sind Sie in der Verpflichtung dies dem Finanzamt mitzuteilen.

Welche Anlagen werden benötigt?

Seit 2018 werden Profite aus Investmentfonds grundsätzlich anderweitig versteuerte als zuvor. Zusätzlich zu der Anlage KAP wurden zweierlei neue Formulare eingeführt: Die Anlage **KAP-INV** sollten Sie ausfüllen, sofern Sie im Besitz von Investmentanteilen sind, jene im Zusammenhang mit einer ausländischen Bank oder Fondsgesellschaft verwahrt werden. Das im Ausland ansässige Finanzinstitut führt keinerlei Kapitalgewinnsteuer an den deutschen Fiskus ab.

Die neue Anlage **KAP-BET** sollten nur Anleger ausfüllen, die Kapitalerträge oder anrechenbare Steuern aus der Teilhabe an einer Personengesellschaft erwirtschaften.
Für private Investoren ist diese Anlage jedoch nicht vonnöten. Darüber hinaus erhalten Sie zu Jahresbeginn für das Vorjahr eine Steuerbescheinigung. Diese beinhaltet alle Werte: Höhe der Kapitalerträge, abgeführte Kapitalertragsteuer, Kirchensteuer und Solidaritätszuschlag. Des Weiteren können Sie ihr entnehmen, in welche Zeilen der Anlage KAP Sie diese eintragen sollten. In manchen Begebenheiten könnte der Verzicht auf den Pauschalbetrag äußerst attraktiv sein. Nur im Zusammenhang mit einer genauen

Auflistung können Sie sich vom Finanzamt zu viel veräußerte Abgeltungssteuern zurückholen. Ehepaare sollten beachten, dass für jeden Partner eine separierte Anlage KAP auszufüllen ist.

Wann ist die Anlage KAP verpflichtend?

Sofern von Ihren Kapitalerträgen keinerlei Kapitalgewinnsteuer einbehalten und ans Finanzamt abgeführt wurde, sind Sie generell in der Verpflichtung, Anlage KAP auszufüllen. Dies resultiert aus folgenden Begebenheiten:

Privatdarlehen

Die Kapitalgewinnsteuer gilt auch bei Handelsabwicklungen unter Angehörigen, wie es im privaten Bereich unter Freunden und Bekannten gängig ist. Fällt eine Forderung aus, kann dies zu einer steuerlich anzuerkennenden Einbuße führen.

(Bundesfinanzhof, Urteil vom 24. Oktober 2017, Az. VIII R 13/15).

Ausländische Depots

Im Ausland ansässige Bankinstitute und Fondsgesellschaften führen keinerlei Kapitalertragsteuer für Sie ab. Demnach sollten Sie jene Kapitalerträge in Zeile 15 der KAP-INV genauestens angeben. Hierbei sind Sie in der

Verpflichtung, Ihre gesamten Dividenden (ab Zeile 4) für jeden einzelnen Fonds mitzuteilen. Wurden Aktienanteile zu verschiedenen Zeitpunkten erworben, so sollten Sie jeden gesondert in einer entsprechenden Zeile aufführen.

Erstattung vom Finanzamt

Haben Sie im letzten Jahr Zinssätze vom Finanzamt erhalten, muss dies ebenfalls in Anlage KAP angegeben werden. Sofern der Anspruch einer Steuerrückerstattung nicht innerhalb von 15 Monaten geltend gemacht wurde, verzinst das Finanzamt dieses Kapital mit sechs Prozent im Jahr. Hierauf wird ebenfalls Kapitalgewinnsteuer erhoben. Deshalb sollten Sie die Zinsen bezüglich der Erstattung in der Zeile 19 unter „Kapitalerträge, jene nicht dem inländischen Steuerabzug unterlegen sind" angeben. Das Steuern auf Zinszahlungen vom Finanzamt zu entrichten sind, ist stark in der Kritik. Ob die Versteuerung dem Recht entspricht, muss das Bundesverfassungsgericht allerdings noch festlegen (*Az. 2 BvR 482/14*).

Aufgrund dessen setzt das Finanzamt bei neuen Steuerbescheiden die Zinswerte lediglich vorläufig fest (*Schreiben des Bundesfinanzministeriums vom 2. Mai 2019*). Ein Widerspruch gegen den Steuerbescheid ist daraufhin keineswegs vonnöten.

Anzufordernde Daten

Um in der Lage zu sein, benötigte Angaben korrekt ausfüllen zu können, müssen Sie einige Daten von Ihrer Bank anfordern. Kreditanstalten müssen allen Investoren eine kostenlose Bescheinigung der Steuer pro Jahr ausstellen. Hierunter sind folgende Angaben aufgelistet:

- ➤ Summe der Kapitalerträge
- ➤ Erträge aus Veräußerungen mittels Aktien
- ➤ Ersatzbemessungsgrundlage
- ➤ Summe der noch auszugleichenden Einbußen
- ➤ Summe des beanspruchten Sparerpauschbetrags
- ➤ Kapitalgewinnsteuer
- ➤ Solidaritätszuschlag
- ➤ Kirchenbeiträge zur Kapitalertragsteuer
- ➤ Höhe der angerechneten, sowie anrechenbaren Steuer im Ausland
- ➤ Informationen bezüglich im Ausland ansässigen, thesaurierenden Investmentfonds

Wann sind freiwillige Angaben sinnvoll?

In gewissen Begebenheiten ist das Ausfüllen der Anlage KAP nicht zwingend erforderlich, jedoch äußerst ratsam. Auf diese Weise lassen sich zu viel veräußerte Steuerzahlungen zurückerhalten. Sofern

Sie keinesfalls mehr als 801 Euro an Kapitalerträgen im Jahr eingenommen haben, können Sie die darauf einbehaltene Kapitalertragsteuer zurückerhalten. Hierfür sollten Sie in Zeile 7 die Kapitalerträge angeben. Erträge aus Aktienverkäufen sollten darüber hinaus in Zeile 8 eingetragen werden. Zeile 48 ist für einbehaltene Kapitalertragsteuer, den Solidaritätszuschlag und eventuell anfallende Kirchensteuer vorgesehen. In Zeile 12 sollte der tatsächlich in Anspruch genommene Sparerpauschbetrag eingetragen werden. Sofern von diesem keinerlei Gebrauch gemacht wurde, genügt es eine "0" einzutragen.

Der Sachverhalt, dass der Sparerpauschbetrag keineswegs in seiner Gesamtheit ausgeschöpft wurde, ist des Öfteren im Zusammenhang mit neu verheirateten Ehepartnern der Fall. Vereint ist insgesamt ein Betrag von 1.602 Euro zur Verfügung stehend. Sofern ein Ehepartner zum Beispiel Kapitalerträge in Höhe von 1.550 Euro erwirtschaftete, der anderweitige jedoch keinerlei Ausschüttungen erhielt, so kann der Abzug der Kapitalgewinnsteuer hinterher mittels der gemeinsamen Einkommensteuererklärung berichtigt werden. Jeder Ehepartner ist in der Verpflichtung eine gesonderte Anlage KAP auszufüllen.

Rentner & Geringverdiener

Geringverdiener sollten mit der Anlage KAP in Zeile 4 die Günstigerprüfung anfordern. Beträge, welche im Vorfeld vom Bankhaus zwecks der Abgeltungssteuer einbehalten wurden, werden künftig mit dem entsprechend angepassten Steuersatz verrechnet. Das Finanzamt zahlt daraufhin zu viel entrichtete Kapitalgewinnsteuer zurück. Von dieser Vergünstigung kann lediglich Gebrauch gemacht werden, sofern das gesamte zu versteuernde Einkommen sich unter 16.636 Euro befindet. Einschließlich Kapitalerträge. Für gemeinsam veranlagte Ehepartner gilt der zweifache Betrag der Obergrenze, sprich 33.272 Euro. Das Finanzamt kalkuliert jenen Freibetrag automatisiert im Steuerbescheid mit ein.

Im Übrigen ist Ihr privates, nicht mit Aktien zusammenhängendes Einkommen keinem Risiko ausgesetzt. Sofern Ihre zu versteuernden Einkünfte höher ausfallen sollten, werden lediglich Ihre Dividenden mit 25 Prozent abgeltend versteuert. Der höhere Steuersatz gilt ausschließlich für diese Einkünfte.

Die Anlage KAP sollte ebenfalls ausgefüllt werden, sofern Sie Erträge und Defizite bei unterschiedlichen Banken untereinander verrechnen wollen (Zeilen 10 und 11). Hierfür benötigen Sie eine Verlustbescheinigung der Bank. Beantragen sollten Sie diese spätestens bis zum 15. Dezember des Steuerjahres. Sofern Sie diese Frist versäumen, empfiehlt es sich, die Verrechnung des Verlustes zu verschieben. Das Bankinstitut führt die Einbußen im Folgejahr fort und verrechnet diese mit neuen Profiten. Verbleibt eine Differenz, können Sie jene im Folgejahr applizieren. Für Defizite aus dem Absatz von Aktien gilt, dass Sie diese **nur mit Profiten aus Geschäften mit Aktien anrechnen dürfen**.

Thesaurierende Fonds mit Sitz im Ausland

Im Ausland ansässigen, thesaurierenden Fonds beziehungsweise Exchange Traded Funds (ETFs) **sind grundsätzlich zu versteuern**. Bis Ende 2017 mussten hieraus resultierende Dividenden eigenständig in der Einkommensteuererklärung angeben werden.
Seit 2018 ist dies nicht mehr der Fall, da aufgrund einer Gesetzesänderung Vorabpauschalen greifen. Die Bank ermittelt nun ebenfalls die Steuer für im Ausland gehaltene Fonds, welche erzielte Dividenden automatisch reinvestieren. In Zeile 5 der Anlage KAP können Sie eine "Überprüfung des Steuereinbehalts für definierte Kapitalerträge" beantragen. Adaptieren Sie aus der Steuerbescheinigung die Höhe der Kapitalerträge. In die Korrekturspalte ist der Wert einzutragen, welcher sich nach Abzug der bereits versteuerten Dividenden ergibt. Es empfiehlt sich dringlichst jeglichen Verkaufsnachweis, sowie den Steuerbescheid vorangegangener Jahre aufzubewahren. Zumindest so lange, bis sämtliche Fondsanteile veräußert und mit dem Finanzamt entsprechend gegengerechnet wurden.

Der Fiskus hat ein neues Ordnungsprinzip eingeführt, wodurch selbst bei thesaurierenden Fonds ein Mindestbetrag an Steuern anfällt. Dieser Umstand ist besonders ärgerlich, da thesaurierende Fonds keinerlei Dividenden ausschütten. Anstelle einer direkten Gegenüberstellung wird nun ein Pauschalbetrag veranschlagt, welcher einen fiktiven Mindestertrag darstellt. Demzufolge wird Ihre Bank unter Umständen zu Jahresbeginn 2021 für die Vorabpauschale 2020 Kapitalgewinnsteuer einbehalten. Diese würde in der Bescheinigung der Steuer 2020 ausgewiesen werden.

Berichtigung falscher Abrechnung seitens der Bank

Hin und wieder werden von Bankhäusern Fehler bei der Abrechnung begangen. Begutachten Sie folglich Ihre Steuerbescheinigung konkret. Dies kann beispielsweise der Fall sein, sofern im vorherigen Jahr Anteile am Fonds veräußert wurden, bei jenen seitens Ihrer Bank lediglich geschätzte Basisdaten (Ersatzbemessungsgrundlage) verwendet wurden. Diese können Sie in der Korrekturspalte der Zeile 7 der Anlage KAP berichtigen. Mittels der Einkommensteuererklärung können Sie eine Neuberechnung beantragen. Eine weitere Begebenheit könnte sein, dass der Bank im Zusammenhang mit der Veräußerung eines Wertpapiers der Anschaffungspreis keineswegs bekannt ist. Dies könnte beispielsweise im Falle eines Depotwechsels geschehen.

Die Bank wendet daraufhin für die Versteuerung ebenfalls die Ersatzbemessungsgrundlage an. In der Regel liegt jene bei 30 Prozent. Die Kapitalertragsteuer fällt folglich zu hoch aus. Jenes können Sie mit einem Antrag auf „Überprüfung des Steuereinbehalts für gewisse Kapitalerträge" in Zeile 5 korrigieren lassen.

Aktien in Krisenzeiten

Die Börsenkurse sind zum Oktober 2020 hin spürbar gesunken. Der deutsche Börsenindex Dax befindet sich derzeit etwa 10 Prozent unter seinem Stand im Vergleich zum Vorjahr. Beim Index des MSCI World liegt der Wert etwa ein Prozent unterhalb dem des Vorjahres. Den Tiefpunkt erreichten beide Indizes im März mit über 30 % Einbuße.

Alle relevanten Aktienmärkte auf der ganzen Welt waren im Februar 2020 immens eingebrochen. Der Dax legte den brisantesten Abschwung seiner 32-jährigen Historie hin. Der Einsturz umfasste nahezu 40 Prozent. Die bedeutendsten deutschen börsennotierten Konzerne waren im Zuge dessen im Index-Durchschnitt nur noch so viel wert wie Mitte 2016. Der weltweite Index MSCI World erlitt zunächst ebenfalls einen starken Rückgang.

Zu Anbeginn des Sommers kehrte allmählich wieder ein Aufschwung ein, bis im Herbst die Kurse tendenziell stagnierten. Weder der Dax, noch der MSCI World haben bislang wieder den Stand vor dem Coronavirus erreicht, jedoch sollte dies keineswegs beunruhigen. Die Vergangenheit zeigte auf, dass auf schlechte Monate stets ein Aufschwung folgt.

Des Weiteren sind Aktien teilweise abgesichert, zumindest temporär. Die Börse erhält weitreichende Hilfspakete vom Staat und den Zentralbanken.

Während einige Handelspapierkurse im Frühjahr erst einmal sanken, erfuhren anderweitige Anlageklassen einen regelrechten Aufschwung. Als äußerst risikoarm geltende Anleihen stiegen stark im Wert. So verhielt es sich beispielsweise mit Schuldscheinen aus Deutschland, den Vereinigten Staaten und Frankreich. Dies geschah aufgrund der hohen Nachfrage. Von dieser Begebenheit profitieren jedoch nicht alle Anlageformen. Unternehmensanleihen sind in Krisenzeiten tendenziell mit einem höheren Ausfallrisiko einhergehend. Folglich müssen Konzerne prinzipiell mehr Zinswerte veräußern, als unter gewöhnlichen Umständen.

Die Europäische Zentralbank hat ein Kaufprogramm für Staats- und Unternehmensanleihen im Umfang von 1,35 Billionen Euro angestoßen und bisher den Markt konsolidieren können. Mitte Oktober lag die Rendite zehnjähriger deutscher Anleihen bei minus 0,6 Prozent – die Nachfrage stieg im Vergleich zum Sommer um 0,1 Prozent. Der drastische Preiseinsturz des Mineralöls steht ebenfalls mit COVID-19 im direkten Zusammenhang. Die Nachfrage hat weltweit erheblich abgenommen. Während der Urlaubssaison waren weitaus weniger Fahrzeuge, Schiffe und Flugzeuge im Umlauf als üblich. Auch der fast weltweite Lockdown, sowie etliche Arbeitsverbote sorgten zusätzlich für deutlich weniger Verkehr. Seit Juni liegt der Kurs für ein Fass Mineralöl bei etwa 40 US-Dollar – merklich unter dem generell üblichen Preis zwischen 60 und 70 Dollar. Verbraucher in Deutschland können hiervon sogar einen doppelten Nutzen ziehen, da der Euro in Relation zum Dollar an Wert zugenommen hat.

Fazit

Meiner persönlichen Meinung nach ist Vorsicht an der Börse generell ratsam. Den perfekten Moment treffen Investoren jedoch selten – und auf längere Sicht müssen sie das auch keineswegs. Selbst während des Tiefpunkts des Weltindexes MSCI World im März 2020 lag jener noch satte acht Prozent über seinem Stand von vor zehn Jahren, sprich 2010. Insbesondere in unsicheren Zeiten ist es essenziell, breit aufgestellt zu sein und sich keinesfalls ausschließlich auf die 30 großen deutschen Aktiengesellschaften zu verlassen. Dem MSCI World kam auch zugute, dass zu seinen rund 1.600 Konzernen etliche Software- und Technologieunternehmen zählen, welche von der Corona-Krise meist profitierten. Ungeachtet dessen zeigt das exorbitante Auf und Ab, dass an der Börse bei weitem noch keine "normalen Umstände" herrschen. Ein konkreter Verlauf lässt sich nicht seriös vorhersagen, angesichts der Tatsache, dass sich das Ausmaß der Finanzkrise noch keinesfalls evaluieren lässt. Die Leistung der deutschen Wirtschaft erfuhr im zweiten Quartal 2020 einen Rückgang um satte 9,7 Prozent.

Immobilien

Suchen Sie nach einer Investition, die das Potenzial hat, eine hohe Rendite zu erzielen? Der Immobilienmarkt ist in der Regel mit hohen Gewinnmargen verbunden. Die neuesten Daten der National Association of Realtors (NAR) zeigen, dass die Verkäufe bestehender Eigenheime im Januar auf dem besten Stand seit August 2007 lagen. Der Medianpreis für ein bestehendes Eigenheim stieg im Januar 2013 im Jahresvergleich um 8,3 Prozent, während der Durchschnittspreis um 6,7 Prozent gestiegen war. Im Laufe der Jahre waren Immobilien für viele eine rentable Investition. Mit dem richtigen Maß an Recherche und Vorbereitung können mit Immobilien lukrative Summen erwirtschaftet werden. Prinzipiell kann in vier Arten der Immobilieninvestition unterschieden werden.

1. Immobilienkauf

Der Kauf von Immobilien kann eine kluge und lukrative Investition sein. Das Eigenheim ist schon seit jeher eine gute Möglichkeit, für das Alter vorzusorgen. Eine derartige Investition schützt vor Inflation, da Häuser nicht nur im Wert steigen, sondern auch vermietet oder gewinnbringend weiterverkauft werden können. Es kann sich jedoch auch durchaus lohnen, selbst einzuziehen; im Vergleich zu horrenden Mietpreisen fällt die Tilgungsrate meist geringer aus. Zumal gleichzeitig ein Gegenwert geschaffen wird. Ein Hauskauf sollte jedoch nicht unüberlegt erfolgen. Es gilt viele Faktoren zu berücksichtigen, bevor eine solch monumentale Entscheidung getroffen wird. Lage, Zustand des Hauses und letztlich der Preis sind die wichtigsten Parameter, die beim Kauf einer neuen Immobilie zu berücksichtigen sind. Sollten Sie beispielsweise in vermietete Immobilien investieren, tragen die Mieteinnahmen zur Tilgung Ihrer Hypothek bei.

Die Lage ist hierbei der einzige Umstand, welcher beim Kauf eines Eigenheims nicht kontrolliert werden kann. Der Standort kann sich auf die Kosten und potenzielle Mieteinnahmen auswirken. Dieser Faktor wird typischerweise in Bezug auf die Nähe zu Annehmlichkeiten wie öffentliche Verkehrsmittel, Lebensmittelgeschäfte, Arbeitsstätten und ähnlichem bemessen.

Laufende Kosten und Nachteile

Als Vermieter eines kompletten Hauses sind Sie für die Instandhaltung und Reparatur der Immobilie und der Gemeinschaftsräume verantwortlich. Eigentumswohnungen scheinen auf den ersten Blick mit weniger Aufwand verbunden zu sein als Einfamilienhäuser, da die

Wohnungseigentümergemeinschaft einige dieser Aufgaben übernimmt. Gleichzeitig kann hierbei das Problem entstehen, dass unnötige Ausgaben beschlossen werden, zu deren Bezahlung (in Relation zu Ihrer Immobilie) Sie bei mehrheitlicher Zustimmung verpflichtet sind.

Eine Studie des Instituts der deutschen Wirtschaft (IW) aus dem Jahr 2017 zeigt, dass es für private Vermieter immer schwieriger wird, ein gutes Einkommen zu erzielen. Laut der Studie haben 7,4 % der privaten Vermieter Verluste zu verzeichnen. Etwa die Hälfte (53 %) der Kleinvermieter hat auch ein eher bescheidenes Einkommen von weniger als 5.000 Euro netto pro Jahr.

Als Hauptgründe nennt das IW die Verschärfung staatlicher Vorschriften und Bauvorschriften, etwa zur Mietpreiskontrolle oder zur energetischen Sanierung. Im Durchschnitt kommen auf Hausbesitzer zusätzliche Kosten von 55.000 Euro für Energiesparmaßnahmen zu. In ländlichen Regionen haben Hausbesitzer mit vergleichsweise niedrigen Mieten zu kämpfen. Die Mieteinnahmen fallen bis zu 70 % niedriger aus als in den Vorstädten. Des Weiteren ist es kostspielig und zeitaufwendig, eine eigene Immobilie zu verwalten und zu pflegen. Ob Mieterwechsel oder Renovierungsarbeiten - Vermieter haben viele Verpflichtungen und Kosten. Darüber hinaus erfordert die Immobilie ein gewisses Maß an bautechnischem und rechtlichem Know-how, denn Fehler können den Eigentümer teuer zu stehen kommen. Entgegen vieler Behauptungen generiert eine vermietete Immobilie kein passives Einkommen. Ganz im Gegenteil: Vermieter zu sein ist meist ein Vollzeitjob!

Die einzige Möglichkeit, dies zu vermeiden, ist die Beauftragung einer Hausverwaltung. Dies ist jedoch mit Unkosten verbunden. Oftmals sind diese nicht bereit, eine einzelne Wohnung in einer Wohnungsbaugesellschaft zu verwalten. Meist sind derartige Firmen ausschließlich daran interessiert, die Gesamtverwaltung des Gebäudes zu übernehmen.

2. Immobilienanteile an der Börse

Der Aktienmarkt ist volatil und schwer vorherzusagen. Die Investition in Immobilien an der Börse ist eine Option, die je nach Ihren finanziellen Gegebenheiten für Sie geeignet sein kann. Diese Art der Geldanlage bietet Anlegern Schutz bei der Investition in Aktien, da Immobilien auch bei fallenden Märkten Mieteinnahmen erwirtschaften. Die Beteiligung an Aktien der Immobilienbranche kann höhere Renditen erzielen, in Relation zu einer Investition mittels Anleihen oder Barmittel.

Vor Jahren stand die Investition in Immobilien nur den großen Akteuren der Welt zur Verfügung. Heutzutage kann sich dank des Erwerbs prozentualer Anteile fast jeder mit entsprechendem Budget beteiligen. Verglichen mit dem Eigenerwerb einer Immobilie sind die Einstiegshürden jedoch deutlich geringer. Wenn Sie sich Ihrer Marktkenntnisse sicher sind und ein höheres Risiko eingehen möchten, ist dies möglicherweise eine gute Option für Sie. Anleger können beispielsweise Immobilienaktien erwerben und so an den Gewinnen von Immobilienunternehmen beteiligt werden. Hierbei können Anleger indirekt von der Vermietung, einer Verpachtung, der Wertsteigerung und dem Verkauf von Immobilien profitieren.

REITs (Real Estate Investment Trusts) sind eine besondere Art von Aktien, die mit Immobilien verbunden sind. REITs sind in der Regel rentabler, da sie neben anderen Sonderregeln einer Mindestausschüttungsquote von 90 % unterliegen. Ein Real Estate Investment Trust ist ein Unternehmen, das Immobilien erwirbt und diese dann an Personen vermietet. REITs sind ausgezeichnete Investitionen, da diese meist mit hohen Belegungs- und niedrigen Leerstandsquoten einhergehen. Des Weiteren sind Mieteinnahmen vertraglich festgelegt und unterliegen somit keinerlei Schwankungen. Real Estate Investment Trusts werden öffentlich an der Börse gehandelt und stellen Bündel von Immobilien dar. Dieses "Paket" wird anschließend an öffentlichen Börsen notiert. Der Handel mit REITs an der Börse steht nur Anlegern mit einem Vermögen von mehr als 100.000 USD oder einem Jahresverdienst von mehr als 200.000 USD offen.

Anstatt in einzelne Aktien zu investieren, haben Anleger auch die Möglichkeit, ihr Geld in Immobilien-ETFs anzulegen. Bezüglich des Ablaufs unterscheiden diese sich keineswegs von "normalen" ETFs, wodurch die Informationen hierfür dem vorherigen Kapitel entnommen werden können.

3. Immobilienfonds

In Zeiten niedriger Zinsen haben Anleger nach neuen Wegen gesucht, um ihre Portfolios zu diversifizieren. Eine beliebte Investition, die in Betracht gezogen wird, sind Immobilienfonds. Der Immobilienmarkt wächst jedes Jahr. Da die Immobilienpreise steigen, stehen weniger Häuser zum Verkauf. Um die Wohnungsnachfrage zu decken, haben einige Unternehmen beschlossen, einen Immobilienfonds zu gründen. Ein Immobilienfonds ist eine Investition in verschiedene Immobilien, die zu einem späteren Zeitpunkt vermietet oder verkauft werden können.

Hierbei wird das Kapital von vielen Anlegern gebündelt, um ertragsgenerierende Immobilien zu erwerben. Das Ziel dieser Anlageform ist die Generierung von Mieteinnahmen, Wertsteigerungen und Steuervorteilen. Der Immobilienfonds ermöglicht es Anlegern, deren Portfolio durch die Teilhabe eines einzigen Fonds mit mehreren Immobilien zu diversifizieren. Im Allgemeinen ist für diese Anlageform keine hohe Liquidität vonnöten. Gleichzeitig wird ein langfristiges Wachstumspotenzial mit vergleichsweise wenig Risiko geboten. Der Fonds wird auch geografisch diversifiziert. Generell lässt sich in zwei Arten von Immobilienfonds unterscheiden:

3.1 Offene Immobilienfonds

Die Verwalter offener Immobilienfonds erwerben in erster Linie gewerbliche Immobilien - bestehende und geplante. Hierzu zählen meist Geschäfte, Bürogebäude und Hotels. Die Anteile des Fonds können an Handelstagen an Privatanleger verkauft werden, wodurch sie wesentlich leichter zu liquidieren sind als Immobilienanteile.

Der rechtliche Rahmen für offene Immobilienfonds ist derzeit in den folgenden Rechtsvorschriften festgelegt:

- Kapitalanlagegesetzbuch (KAGB)
- Wertpapierhandelsgesetz (WpHG)
- Wertpapierprospektgesetz (WpPG)
- Deutsches Investmentfondsgesetz (Graumarktgesetz)

Die Fondsanteile sind gemäß § 33 InvG in Anteilen einer Kapitalverwaltungsgesellschaft (KVG) verbrieft, deren Anzahl je nach Bedarf erhöht werden kann. Eine Begrenzung existiert hierfür nicht. Die Rechtsform der KVG ist eine Gesellschaft mit beschränkter Haftung. Die KVG verwaltet Fondsvermögen, die keine eigenen Rechtsgüter sind. KVG-Anteile können nach dem Ermessen des Eigentümers übertragen und umgetauscht werden. Daher muss die KVG eine Liquiditätsreserve von mindestens 5 % vorhalten, die 49 % des Fondsvermögens nicht überschreiten darf. Aus diesem Grund wird das Geld der Anleger auch teilweise in verzinsliche Wertpapiere und ähnliche hochliquide Anlagen investiert. Die Darlehen sind auf maximal 50 % des Immobilienportfolios begrenzt.

Der Fond wird von einer Kapitalfondsgesellschaft treuhänderisch verwaltet. Diese ist verpflichtet, den Fonds vorübergehend zu schließen, sobald die Liquiditätsreserven unter 5 % des Fondsvermögens fallen. Diese Grenze wird als "Aussetzungsrisiko" bezeichnet. Die KVG ist ein Spezialkreditinstitut und wird von der Bundesanstalt für Finanzdienst (BaFin) beaufsichtigt.

Investitionsvorgehen und Bewertung des Vermögenswertes

Der Fonds muss im Besitz von mindestens zehn verschiedener Immobilien sein. Keine einzelne Immobilie darf für mehr als 15 % des Fondsvermögens erworben werden. Höchstens 20 % des Fondsvermögens dürfen in Grundstücke in der Entwicklungsphase investiert werden. Des Weiteren können nur 30 % in Immobilien in Ländern mit Fremdwährung investiert werden, ohne das Wechselkursrisiko abzusichern.

Der Wert des Fondsvermögens basiert nicht auf Marktpreisen, sondern wird von unabhängigen Sachverständigen auf der Grundlage des Werts der kapitalisierten Gewinne gemäß der deutschen Bewertungsverordnung ermittelt. Auch wirtschaftliche und rechtliche Aspekte, die sich auf den Wert auswirken, werden berücksichtigt. So beurteilt der Gutachter beispielsweise die Nachhaltigkeit der Mieteinnahmen. Ein wichtiger Indikator für den Wert und die Rentabilität des Fonds ist die Vermietungsquote. Jedes Jahr bewertet die Agentur "Scope" die Auslastung von 17 offenen Immobilienfonds, die überwiegend in Gewerbeimmobilien investieren. Im Jahr 2019 lag die Belegungsrate dieser Fonds bei 96,2 %. Diese beeindruckende Prozentzahl ist ein Beweis für die große Nachfrage und das hohe Preisniveau auf den Märkten.

Der Rücknahmepreis der Anteile richtet sich nach dem Nettovermögen des Fonds. Dieser errechnet sich aus dem von einem Sachverständiger ermittelten Marktwert des Immobilienportfolios, den verfügbaren Barmitteln abzüglich der Verbindlichkeiten und Rückstellungen. Der Wert wird von der KAG oder der Depotbank ermittelt und der festgestellte Rücknahmepreis wird börsentäglich veröffentlicht.

Kosten der Fondsverwaltung und Besteuerung

Die Kosten für Fondsanteile sind nicht unerheblich. Zum Zeitpunkt des Kaufs wird in der Regel eine Erstgebühr zwischen 5 % und 5,5 % erhoben. Die laufenden Verwaltungskosten liegen zwischen 1,5 % und 2,5 % pro Jahr.

Anteile von Immobilienfonds sind Wertpapiere und ihre Ausschüttung wird daher steuerlich als Kapitalertrag betrachtet. Mieteinnahmen aus Direktinvestitionen in Immobilien gelten steuerlich als Mieteinnahmen. Bei Ausschüttungen aus Immobilienfonds sind nur 25 % Kapitalertragsteuer als Abgeltungssteuer zu zahlen. Die Mieteinnahmen werden mit einem individuellen Steuersatz besteuert, der für eine bestimmte Gruppe von Anlegern wahrscheinlich höher ausfällt. Verluste aus der Veräußerung von Immobilienfonds können aufgrund der vom Gesetzgeber im Jahr 2009 eingeführten Verlustverrechnungsbeschränkung nicht mit positiven Einkünften aus anderen Einkunftsarten verrechnet werden. Im Gegensatz dazu können negative Einkünfte aus Vermietung und Verpachtung mit positiven Einkünften aus anderen Einkunftsarten verrechnet werden. Bei dauerhaften Verlusten besteht die Gefahr, dass die Investition als "Scheinfonds" eingestuft wird, mit der Folge, dass der Verlust steuerlich nicht anerkannt wird und daher nicht ausgeglichen werden kann. Einkommen wird besteuert, egal ob ausgeschüttet oder einbehalten. Die Besteuerungsgrundlagen werden jährlich vom KAG im Amtsblatt veröffentlicht. Einkünfte aus der Wertsteigerung von Immobilien und damit der Fondsanteile sind nicht steuerpflichtig. Dieser Steuervorteil ist jedoch nicht gegeben, wenn die Fondsanteile mit Gewinn verkauft werden. In diesem Fall gilt die Abgeltungssteuer.

Investmentfonds, die im Ausland in Immobilien investieren, können Steuervorteile erhalten. Sollten Gewinne aus Ländern stammen, mit denen ein Doppelbesteuerungsabkommen besteht, werden diese in Deutschland nicht besteuert. Viele Länder erheben jedoch eine ausländische Quellensteuer, von der in Deutschland nur 15 % abgezogen werden können. Den Anlegern im Ausland müssen die überschüssigen Beträge direkt erstattet werden. Die Stiftung behält diese Steuer an der Quelle ein und stellt dem Steuerpflichtigen auf Antrag eine Bescheinigung aus.

Risiken

Das Hauptrisiko stellt die Aussetzung dar, sprich die vorübergehende Schließung eines Fonds aufgrund mangelnder Liquidität. Dies hat zur Folge, dass die Anteile nicht zurückgenommen werden und es zu einem Wertverlust der gehaltenen Immobilien kommen kann. Investitionen in offene Immobilienfonds galten lange Zeit als sichere Anlagen und haben durchschnittlich 4 Prozent pro Jahr an Wert gewonnen. Fonds mit langfristigen Mietverträgen galten als besonders sicher. Dies änderte sich nach der Börsenkrise im Jahr 2004, als viele Bürogebäude in Deutschland leer standen und die Mieten stagnierten oder gar sanken. Viele Anleger gaben ihre Anteilsscheine zurück, sodass die Fonds nicht mehr über ausreichende Liquidität verfügten und für längere Zeit geschlossen werden mussten.

Auch in der Finanzkrise 2008 kam es zu Schließungen und erheblichen Abschreibungen von Aktien im zweistelligen Prozentbereich. Im Vereinigten Königreich mussten mehrere offene Fonds nach dem Brexit-Referendum und der daraus resultierenden Verunsicherung der Anleger vorübergehend geschlossen werden. Aufgrund der Problematik der Anteilsrücknahme wurden mit dem Kapitalanlagegesetzbuch (KAGB) vom 22. Juli 2013 strengere Regeln eingeführt:

➢ Die Rücknahme von Anteilen ist erst nach einer Haltefrist von mindestens 24 Monaten möglich.

➢ Der Aktionär muss eine unwiderrufliche Einlösungserklärung mit einer Einlösungsfrist von 12 Monaten gegenüber der KVG abgeben.

➢ Die Frist für die Aussetzung der Rücknahme im Falle der Illiquidität beträgt maximal 36 Monate. Wenn dieser Zeitraum nicht ausreicht, erlischt das Recht der KVG, den Fonds zu verwalten.

Diese strengeren Regeln sind nicht immer zum Vorteil des einzelnen Anlegers, da der Handel mit Anteilen viel unflexibler sein kann im Vergleich zu früher. Letztlich schützen diese Regularien jedoch das Vermögen des Fonds zum Nutzen aller Anleger.

3.2 Geschlossene Fonds

Geschlossene Immobilienfonds werden auch als Closed-End-Fonds bezeichnet. Anders als bei offenen Immobilienfonds wird das vom Anleger eingebrachte Kapital bei geschlossenen Immobilienfonds nur einmal ausgegeben. Sobald alle Anteile gezeichnet sind, wird der Fonds geschlossen. Neben Immobilien können Investitionen auch in Wälder, Waldgebiete und landwirtschaftliche Flächen getätigt werden. In der Regel stehen die Merkmale des Fonds von Anfang an fest. Eine Ausnahme stellen sogenannte "Black Pools" dar, bei denen der Anleger bei Zeichnung des Fonds noch nicht Kenntnis bezüglich aller künftigen Anlageobjekte des Fonds in Erfahrung bringen kann. Dem potenziellen Anleger müssen in derartiger Konstellation jedoch die Auswahlkriterien für künftige Objekte im Voraus genannt werden.

Rechtsgrundlage

Geschlossene Immobilienfonds können sowohl als GmbH, GbR odeer als KG in Erscheinung treten. Die unterschiedlichen Rechtsformen von offenen und geschlossenen Immobilienfonds haben völlig unterschiedliche Auswirkungen. Bei offenen Immobilienfonds wird das Vermögen des Fonds von einer Vermögensverwaltungsgesellschaft verwaltet. Bei geschlossenen Immobilienfonds ist hingegen das Management der Gesellschaft für die ordnungsgemäße Anlage des investierten Kapitals verantwortlich. Daher muss sie über besondere Fachkenntnisse, Erfahrung und Integrität verfügen.

Da die Beteiligungsgesellschaft die Rechtsform einer Gesellschaft hat, kann sich insbesondere bei einer GbR eine Nachschusspflicht ergeben, wenn der erwartete wirtschaftliche Erfolg nicht eintritt. Im Falle des Konkurses haftet der Gesellschafter der GbR in vollem Umfang für die Verbindlichkeiten der Gesellschaft. Kommt er seiner Nachschusspflicht nicht nach, kann er aus der Gesellschaft ausgeschlossen werden und muss das Gesellschafterkonto schließen.

Der Kommanditist einer KG oder GmbH & Co. KG haftet nur bis zur Höhe der eigebrachten Summe. Dieser Beitrag wird zum Zeitpunkt der Anmeldung entrichtet. Hat der Kommanditist mehr Vorschüsse (z.B. aus Mietgarantien) erhalten, als der Fonds erwirtschaftet hat, fällt die Haftung des Kommanditisten auf die Höhe seiner (geleisteten) Einlage zurück. Folglich kann sie doppelt zahlen.

Aufgrund der Stellung des Gesellschafters besteht keinerlei Verpflichtung, die Anteile zurückzunehmen. Die einzige Möglichkeit für den Investor ist demnach der private Verkauf. Es existiert jedoch (noch) kein wirklich funktionierender Sekundärmarkt für den Verkauf derartiger Anteile. Darüber hinaus enthalten die Gesellschaftsverträge in der Regel die Verpflichtung, die Zustimmung der Geschäftsführung des Fonds einzuholen, die aus schwerwiegenden Gründen verweigert werden kann. Dies kann eintreten, wenn beispielsweise der Preis zu niedrig ausfällt. Ein Umtausch der Anteile ist nicht möglich. Der Aktionär ist bis zur Liquidation der Gesellschaft an diese gebunden.

Steuerliche Aspekte

Die Besteuerung der Erträge von geschlossenen Immobilienfonds hängt von der Rechtsform der Fondsgesellschaft ab. Bei der GbR sind dies Einkünfte aus Vermietung und Verpachtung, bei einer KG und der GmbH handelt es sich um Einkünfte aus einem

Gewerbebetrieb. Bis 2005 waren geschlossene Immobilienfonds bei vermögenden Privatanlegern, die mit dem höchsten Einkommensteuersatz besteuert wurden, sehr beliebt. Verluste, die in den Anfangsjahren durch Sonderabschreibungen entstanden sind, konnten durch positive Einnahmen aus anderen Quellen kompensiert werden. Dies führte zu einem Steueraufschub und in einigen Fällen sogar zu einer Steuerersparnis, wenn die Anleger in den Folgejahren zu einem niedrigeren Steuersatz besteuert wurden. Im Jahr 2005 wurde jedoch der § 15b EStG eingeführt, wonach ein Verlustausgleich generell nicht mehr möglich ist.

Risiken

Für den Privatanleger bergen die potenzielle Pflicht zur Zahlung zusätzlicher Gebühren, sowie die fehlende Rücknahmepflicht der Anteile erhebliche Risiken, die über den Totalverlust des investierten Geldes hinaus führen können. Darüber hinaus ist die Geschäftsführung nicht ausreichend qualifiziert und erfahren. Es können auch betrügerische Absichten seitens der Gründer vorliegen. Verwaltungsgebühren und ähnliche Ausgaben - sogenannte "soft costs" - werden häufig von Unternehmen in Rechnung gestellt, die mit den Gründer-Kommanditisten oder der Geschäftsführung in Verbindung stehen.

Da die Steuervorteile bei Investitionen in geschlossene Immobilieninvestmentgesellschaften weitgehend weggefallen sind, werden in den Verkaufsprospekten dieser Gesellschaften häufig Traumrenditen von bis zu 10 % angekündigt. Nach dem Prospektgesetz müssen die Anbieter im Verkaufsprospekt nämlich genau beschreiben, in welche Kriterien das Geld investiert wird. Die BaFin, bei der sich geschlossene Immobilienfonds nach dem Kapitalanlagegesetzbuch vom 22. Juli 2013 registrieren lassen müssen, prüft nur die formale Vollständigkeit der enthaltenen Informationen, nicht aber deren Richtigkeit. Die im vorherigen Absatz beschriebenen Interessenkonflikte werden daher ebenfalls selten offengelegt.

In einer Studie aus dem Jahr 2015 hat die Stiftung Warentest insgesamt 1.139 geschlossene Investmentfonds untersucht, die seit 1972 aufgelegt wurden. Bei 57 % der Immobilienfonds erlitten die Anleger einen teilweisen oder sogar vollständigen Verlust des eingesetzten Kapitals. Diese riskanten Investitionen sind für eine stabile Alterssicherung völlig ungeeignet. Angesichts der hohen Risiken fordert der Bundesverband der Verbraucherzentralen ein generelles Verbot geschlossener Immobilienfonds in Deutschland. In anderen EU-Ländern, mit Ausnahme von Österreich und den Niederlanden, wurde ein derartiges Verbot bereits umgesetzt.

4. Immobilien-Crowdinvesting

In den letzten Jahren hat sich eine Verlagerung von traditionellen Investitionen hin zu Crowdfunding ergeben. Im Jahr 2015 wurde geschätzt, dass Crowdinvestments die traditionelleren Formen der Aktienanlage übertreffen würden. Crowd-Investoren vertrauen Gelder einer Gruppe von Personen mit beruflichem Hintergrund in einem Anlagebereich an. Diese Experten verfügen über Wissen und Erfahrung in der Bewertung von Risiken und Renditepotenzialen. Eine Form des Crowdfunding ist das Immobilien-Crowdfunding.

Crowdinvesting bietet mehr Möglichkeiten, in Immobilien zu investieren. Einzelpersonen können hierbei mit Entwicklern zusammenarbeiten, um Projekte auf Plattformen wie "RealtyMogul.com" zu finanzieren. Ein Beispiel für ein Crowdfunding-Projekt ist das "Prudential Center in Newark, NJ," - das erste von RealtyMogul abgeschlossene Joint Venture.

Real Estate Crowdinvesting ist eine neue Alternative für Menschen, die in Immobilienanlagen investieren möchten, aber nicht über die Mittel oder Erfahrung verfügen. Crowdinvesting erfolgt über eine Website, auf der Anleger bereits ab 5.000 US-Dollar investieren und gleichzeitig Renditen von bis zu 10 % pro Jahr erzielen können. Anleger, die an dieser Anlageoption interessiert sind, sollten sich vor einer Entscheidung über das Unternehmen und die Gerichtsbarkeit der Immobilie informieren.

Crowd-Investoren sind gewöhnliche Menschen, die kleine Beträge zu Projekten beitragen, zu denen auch Immobilien gehören können. Auf "Fundrise" können Einzelpersonen beispielsweise bis zu 10.000 US-Dollar in ein Projekt investieren und jahrelang monatliche Auszahlungen erhalten. Ein fester Zinssatz zwischen 5,0 % und 7,0 % pro Jahr ist hierbei durchaus realistisch.

Eine lohnenswerte Investition?

Zusammenfassend lässt sich sagen, dass Immobilien viele Vorteile bieten, wie etwa einen stetigen Cashflow, niedrige laufende Kosten und Steuervorteile. Letztlich liegt es an Ihnen als Anleger, sich für die Strategie zu entscheiden, die Ihren Bedürfnissen und gegebenen Mitteln am besten entspricht. Aufgrund des hohen Risikos und insbesondere der potenziellen Nachzahlung ist jedoch von geschlossenen Immobilienfonds dringlichst abzuraten.

Fazit

D ie neugewonnen Informationen können zu Beginn etwas prekär wirken. Daher empfehle ich Ihnen, zunächst ein Demokonto bei einer der namhaften Banken zu eröffnen. Diese sind in der Regel kostenfrei und Ihrem Demokonto wird ein fiktiver Betrag (Demo_€) gutgeschrieben. Mit diesem können Sie risikofrei Ihr neu erlerntes Wissen erproben. In Sachen Finanzen sollte nichts dem Zufall überlassen werden und keine hastigen Entscheidungen aufgrund kurzzeitiger Umbrüche getroffen werden.

Da es sich um eine sehr komplexe Thematik handelt, sollten Sie zunächst lediglich den ETF "MSCI World" erwerben (Demogeld). Hierbei machen Sie sich bereits mit dem Interface, sowie den einzelnen Funktionen vertraut. Anschließend empfehle ich, dass Sie diesen Ratgeber erneut durchlesen. Es ist von enormer Wichtigkeit, eventuelle Fragen bezüglich einzelner Vorgänge im Detail zu verstehen. Während dessen können Sie täglich live nachverfolgen, wie die Entwicklung des MSCI World voranschreitet. Somit erhalten Sie einen realistischen Eindruck, wie sich Ihre Finanzen potenziell entwickelt hätten.

An dieser Stelle möchte ich mich recht herzlich bei Ihnen bedanken! Mit dem Erwerb dieses Buches haben Sie bereits den ersten richtigen Schritt zu einer lukrativen Position am Finanzmarkt in die Wege geleitet. Selbst in Krisenzeit die finanzielle Zukunft in die eigenen Hände zu nehmen, erfordert Mut und ist meines Erachtens der richtige Weg.

Hierauf können Sie stolz sein!

Ich wünsche Ihnen viel Erfolg auf diesem spannenden Weg.

Thorsten Groneberg
Autor

Eine Kleinigkeit in eigenem Interesse: die Erstellung dieses Werkes hat etliche Jahre in Anspruch genommen. Mit einer Rezension würden Sie meine Arbeit und künftige Projekte kostenlos unterstützen. Vielen Dank für Ihr Mitwirken.

Haftungsausschluss

§ 1 Warnhinweis zu Inhalten

Die Inhalte dieses Buches wurde mit größtmöglicher Sorgfalt erstellt. Der Autor übernimmt jedoch keine Gewähr für die Richtigkeit und Aktualität der bereitgestellten Informationen. Veranschaulichungen der einzelnen Fallbeispiele geben lediglich die persönliche Meinung des Autors wieder. Die Daten bezüglich einzelner Inhalte, insbesondere Tabellen sind den entsprechenden Quellenangaben zu entnehmen.

Bei steuerlichen, sowie gesetzlichen Anliegen sollte stets ein Steuerberater, sowie entsprechender Fachanwalt kontaktiert werden.

§ 2 Urheber- und Leistungsschutzrechte

Die Inhalte des Buches unterliegen dem deutschen Urheber- und Leistungsschutzrecht. Jede vom deutschen Urheber- und Leistungsschutzrecht nicht zugelassene Verwertung bedarf der vorherigen schriftlichen Zustimmung des Autors. Dies gilt insbesondere für Vervielfältigung, Bearbeitung,

Quellenangaben

- Die Essays von Warren Buffett: Die wichtigsten Lektionen für Investoren und Unternehmer (Deutsch), Gebundene Ausgabe
- So liest Warren Buffett Unternehmenszahlen: Quartalsergebnisse, Bilanzen & Co - und was der größte Investor aller Zeiten daraus macht (Deutsch), Gebundene Ausgabe
- https://www.verbraucherzentrale.nrw/wissen/geld-versicherungen
- https://verbraucherschutz-magazin.de/
- https://www.finanzen.net/
- http://www.investmentfonds.de/
- https://www.msci.com/
- https://www.onvista.de/
- https://www.handelsblatt.com/finanzen
- https://www.handelsblatt.com/finanzen/anlagestrategie/fonds-etf/gesetzesaenderung-wenn-der-fonds-zur-falle-fuer-den-anleger-wird-seite-2/3413766-2.html?ticket=ST-1646266-AFCSwomkzEwAh7MwpqlT-ap5
- https://www.bundesfinanzministerium.de/Web/DE/Themen/Steuern/Steuerarten/Abgeltungssteuer/abgeltungssteuer.html

- *https://www.bverwg.de/entscheidungen/pdf/170 517U8C19.16.0.pdf*
- *FOCUS Online Group GmbH*
- *Angaben der jeweiligen Anbieter lt. Angebotsliste (siehe Depotvergleich)*

Die Angaben werden zum Teil durch jahrzehntelange, persönliche Erfahrung des Autors ergänzt.

Impressum

2. Auflage

© Thorsten Groneberg

*Kontakt: Ramon Amirinia, Emil-Schmid-Str. 11/4,
75378 Bad Liebenzell*

Made in the USA
Monee, IL
21 April 2022